KB120470

당선비책

마케팅, 마케팅, 마케팅

나남
nanam

나남신서 2099

당선비책
마케팅, 마케팅, 마케팅

2022년 1월 5일 발행
2022년 1월 5일 1쇄

지은이　　예종석
발행자　　趙相浩
발행처　　(주) 나남
주소　　　10881 경기도 파주시 회동길 193
전화　　　(031) 955-4601 (代)
FAX　　　(031) 955-4555
등록　　　제 1-71호 (1979. 5. 12)
홈페이지　http://www.nanam.net
전자우편　post@nanam.net

ISBN 978-89-300-4099-0
ISBN 978-89-300-8655-4 (세트)

당선비책

마케팅, 마케팅, 마케팅

예종석 지음

MARKETING
MARKETING
MARKETING
MARKETING
MARKETING

나남
nanam

The Secret Recipe for Winning

Marketing, Marketing, Marketing

by

Jongsuk Ye

nanam

이 책을 작년에 세상을 떠나신 아버지 영전에 바친다.

머리말

책을 시작하면서 가족사와 관련된 이야기를 하려니 영 계면쩍다. 그러나 그것이 이 책을 쓰게 된 동기이기도 하니 언급하고 넘어가지 않을 수 없다.

나는 1960년대 초반부터 1980년대 후반까지 아버지(牧村 芮春浩)의 국회의원 선거를 여섯 번이나 지켜봤다. 정치의식이 조숙했던 터라 때에 따라 직접 또는 간접적으로 관여하기도 했고, 아주 어렸을 때는 최소한 관찰이라도 하면서 선거를 겪었다. 또 아버지가 주요 당직자로서 대통령 선거를 두 번 치르는 것을 어깨너머로 관전하기도 했다. 아버지의 선거는 이기기도 했지만 참담하게 지기도 했으며, 타의에 의해 무력하게 중도 사퇴한 경우도 있었다.

그 중간에 10월 유신이라는 어처구니없는 상황에 반대성명을 내고 아버지 스스로 출마하지 않은 선거도 있었고, 군부에 의해 투옥되어 있거나 이른바 '정치정화법'에 묶여 출마를 못 한 경우도 있었다. 그렇게 따지고 보니 내가 관심을 가지고 지켜본 국회의원 선거는, 아버지가 타의로 출마하지 못한 선거까지 합하면 무려 8번에 이른다.

그리고 오래전 3김 시대의 대선에서 한 캠프 배후의 여론조사 책임을 맡아, 이기는 선거를 간접적으로 치러 본 일이 있다. 몇 년 전 대통령 탄핵으로 일찍 치러진 대선 때는 타락한 정권을 바꾸는 데 조금이라도 기여해야겠다는 생각으로, 나 자신이 한 정당의 선거대책위원회의 일원으로 대통령 선거를 치러보기도 했다. 그러고 보니 꽤 많은 선거와 인연이 있었던 셈이다.

나는 경제학을 공부하고 이어서 경영학, 그중에서도 마케팅을 전공했다. 마케팅은 사회공학 분야의 학문이라 수용성이 넓어 박사과정을 이수하면서 자연스럽게 사회학, 심리학, 수학, 통계학, 커뮤니케이션학 등을 접할 수 있었다. 그런 다음 미국과 우리나라의 대학에서 40여 년 동안 마케팅을 가르쳤다.

그와 동시에 국내 유수기업들에 대한 마케팅 자문, 비영리단체의 경영과 자문에 참여하면서 마케팅의 실전감각도 익혔다. 내가 관계한 기업들 중에는 제조업은 물론 서비스업, 그중에서도 다수의 광고대행사와 조사회사들도 포함된다. 마케팅은 이 모든 분야에서도 절실하게 필요한 기능이다. 영리기업의 이윤 창출은 물론, 비영리단체의 모금활동을 위해서도 마케팅은 필수적이다. 경영학의 구루 피터 드러커(Peter Druker)는 고객을 창출하기 위해 기업이 필요로 하는 가장 중요한 두 가지 활동을 마케팅과 혁신(*innovation*)이라고 했다. 선거도 마찬가지다.

결론부터 이야기하자면 선거는 마케팅이다. 마케팅에서 가르치는 마케팅조사방법론은 여론조사의 다른 이름이며, 소비자행동은 유권자행동에 바로 적용되는 상위이론이고, 광고와 PR은 요즘의 선거현장에서 가장 많이 사용되는 소통도구이다. 시장 세분화 전략은 유권자 세분화 전략과 연결되어 가장 파워풀한 경쟁자 제압수단으로 활용된다. 선거에서 흔히 회자되는 이미지 포지셔닝은 세분화전략의 마지막 단계이다. 선거를 전쟁이라고도 하지만 그것은 바로 마케팅 전쟁이다. 전쟁은 전략이 있어야 승리할 수 있듯이 선거라는 전쟁은 결국 마케팅 전략이 그 승패를 좌우한다.

나는 개인적으로 두 번의 선거에 대한 회한을 갖고 있다. 첫 번째는 30여 년 전 아버지의 마지막 국회의원 선거 출마를 막지 못한 것이다. 여기서 가족사를 상세하게 밝힐 필요는 없겠지만 아버지의 마지막 선거는 그 결과가 강 건너 불 보듯 빤히 보이는 상황에서 출마를 강행한 것이었다. 거두절미하고 말하자면 명분을 지키기 위해 낙선을 향해 몸을 던지신 것이었다. 당의 대표였기 때문에 여러 경로를 통해 합당 제의도 있었고 당선이 보장되는 선택도 있었지만 아랑곳하지 않으셨다.

나는 당시 나름 전문가로서 여론조사를 통해 그 결과를 예측하고 있었지만, 아버지의 결심을 막을 수 없었다. 명분과 소신을 목숨처럼 지키는 아버지의 불같은 성품을 알기에 수수방관하는 불효를 저지를 수밖에 없었다. 그 선거 직후 아버지는 일언반구도 남기지 않고 표표히 정계를 은퇴하고 초야에 묻히셨다. 그 후 다시는 정치를 돌아보지 않으신 아버지를 생각하면 두고두고 후회가 된다.

두 번째는 19대 대선의 득표율이 회한으로 남아있다. 당시 내가 선거를 총괄하는 입장이 아니었기 때문에 선거결과에 대해 왈가왈부하는 것은 주제넘은 일이다. 그러나 그때 문재인 후보의 득표율만큼은 내내 아쉬움으로 남아있다. 19대 대선에서 문재인 후보의 득표율은 41.08%였다. 그 직전 대선에서 낙선할 때 자신이 얻었던 48.02% 득표율에도 못 미쳤고, 그 전 노무현 대통령이 접전 끝에 힘들게 승리할 때 얻었던 48.91%에도 못 미치는 결과였다.

후보가 난립한 상황이었고 차점자와의 표차가 557만여 표로 역대 최다였다고는 하지만, 대통령 탄핵으로 이루어진 유리한 판세에서 40%를 겨우 넘는 득표율은 아쉽기 짝이 없다.

상황이 너무 유리하다 보니 선거를 쉽게 생각한 건 아닐까 하는 의구심이 다 들 정도였다. '다된 밥'이라는 생각에 나눠먹을 궁리들만 하고 있었던 건 아닐까. 만약에 전략가들이 모여서 체계적인 선거마케팅 전략을 수립하고, '일사불란하게 캠페인을 펼쳤더라면 좀 더 나은 결과가 나오지 않았을까' 하는 생각도 해본다. 선거가 끝난 뒤 운동과정을 반추해보고 전략의 잘잘못을 따져보는 기회도 가져보지 못하고, 축제 분위기에 들떠 뿔뿔이 살길을 찾아 흩어지는 모습도 아쉬운 선거문화였다.

나는 아버지의 정치생활을 지켜보면서 정치에 환멸을 갖게 되었고, 그 이후 정치를 철저하게 외면하고 살았다. 심지어 정치인을 대면하는 것조차 금기시해왔다. 그런데 촛불정국을 겪으면서 그런 냉소적인 태도가 플라톤의 말처럼 "가장 저질스러운 자들에게 지배당하는 상황"을 초래한다는 사실을 깨닫게 되었다. 좋은 지도자를 뽑는 일만큼은 도외시해서 안 된다는 깨달음도 얻었다. 그런 회한과 각성이 이 책을 쓰게 하는 동력이 되었다.

앞으로는 국민에게 번영을 가져다 줄 훌륭한 지도자를 뽑기 위해 도덕성을 갖춘 전략가들이 많이 배출되었으면 한다. 뛰어난 전략가들이 신출귀몰하는 캠페인 전략을 구사하면서, 역전의 드라마를 만들어내는 재미있는 선거를 꿈꾼다. 선거는 마케팅이다.

2021년 12월

이종만

차례

머리말   7

1장   승리의 설계자

전략가   21
스핀 닥터   27
필승의 무기, STP 전략   31
전략이 안 보이는 우리 선거   34

2장   선출직 공직에 도전하려는 이들에게

지도자는 타고나는 것이 아니라 만들어진다   41
스포츠지도자도 노력이 만든다 | 최고의 경영자, 레벨5의 리더 |
리더의 조건

역경을 딛고 일어선 지도자 에이브러햄 링컨   47

마케팅 대통령, 오바마의 승리   49
사상 최대의 마케팅 전쟁 | 수석전략가 데이비드 액설로드의 헌신

인재의 기준, 신언서판과 팔징구징   54
신언서판(身言書判) | 팔징구징(八徵九徵)

꿈을 가지는 순간부터 자신을 관리하라   61
토머스 제퍼슨의 자기관리 10계명   65
마음의 스승을 가슴에 품어라   67
개인 수양의 최고 경지, 신독   69

3장 **당신은 공직에 도전할
자격과 역량을 갖추었는가?**

법적 자격요건   73

피선거권에 관한 법규 | 등록무효에 관한 법규

도덕적 자격요건   77

노블레스 오블리주의 정신 | 매케인의 명예와 고결함 | 다산 정약
용의 공렴정신

정치지도자의 자질   82

인사가 만사를 좌우한다 | '위기관리' 능력 없이 지도자가 될 수
없다 · 루스벨트와 대공황 · 케네디와 쿠바 미사일 위기 | 소통하지
않고는 어떤 성취도 이룰 수 없다 · 링컨의 여론 공중목욕탕 · 루스
벨트의 노변정담(爐邊情談) | 학습하면 어떤 능력도 얻을 수 있다

4장 **선거는 전쟁이자 설득이다**

네거티브의 함정   97

프레이밍 전략   99

'바보야! 문제는 경제란 말이야' | '빨갱이'와 '토착왜구' | 프레이
밍은 네이밍이 효과를 결정한다 | 효과적인 일곱 가지 선전기법

언더독의 승리공식　　　　　　　　　　　　　　　　　　109

언더독 해리 트루먼의 극적인 승리 | 언더독의 성공조건 | 명량대
첩, 이순신 장군의 교훈

**5장　상황을 정확히 읽어야
　　　전략을 세울 수 있다**

거시환경 분석　　　　　　　　　　　　　　　　　　117

정치 환경 | 경제 환경 | 사회적 환경 | 디지털 전환 시대에 살아남기

미시환경 분석　　　　　　　　　　　　　　　　　　137

후보자와 소속정당 분석 | 경쟁후보자와 소속정당 분석 | SWOT
분석 | SWOT 믹스 전략 | 선거구와 유권자 분석

6장　유권자 세분화 : 나눌수록 커진다

트럼프의 승리는 세분화 전략의 승리　　　　　　　152

유권자 세분화의 요건　　　　　　　　　　　　　154

유권자 세분화의 기준　　　　　　　　　　　　　156

지리적 세분화 | 인구통계적 세분화 | 심리분석적 세분화 | 행동
세분화

7장   타게팅 : 표적 유권자 집단의 선정

지지해 달라고 호소하지 말고, 뽑고 싶은 후보가 되라   171

험지는 낙선하고 싶을 때 가는 곳   173

타게팅의 3대 원칙   174
비차별적 마케팅·다수의 오류·전체를 타겟으로 한다는 것은, 누구도 표적으로 하지 않는다는 것 | 차별적 마케팅·믿을 유권자는 없다·전국의 유권자가 동시에 듣고 있다 | 집중적 마케팅·독일 녹색당이 주는 교훈

8장   후보자 포지셔닝과 차별화

인지적 지름길에 의존하는 유권자   185

유권자는 아무것도 모른다   187

유권자에게 보내는 가치제안, 슬로건   190

상대적 포지셔닝의 확인   191

포지셔닝 전략 전개 시 필수 체크포인트   192
독특성 | 우월성 | 지속가능성 | 충분한 득표가능성

9장   포지셔닝의 실천과 사례

후보자 속성에 의한 포지셔닝   197
'보통사람' 아닌 후보가 선언한 '보통사람의 시대' | 4수 후보 DJ
가 내건 '준비된 대통령' | 약점을 강점으로, 73세 레이건의 통쾌
한 반격 | '실천하는 경제대통령'과 '가족이 행복한 나라' | '준비
된 여성대통령'과 '사람이 먼저다' | 지고도 이기는 '바보 노무현'

네임 슬로건   220
나는 아이크가 좋아(I like Ike) | 다른 미국 네임 슬로건 사례 | 우
리나라의 다른 네임 슬로건 사례

유권자가 처한 상황과 목적에 의한 포지셔닝   231
'못 살겠다 갈아보자'와 '갈아봤자 별수 없다' | 논쟁의 틀을 규
정하는 것이 승리의 열쇠 | '4년 전보다 살림살이 좀 나아지셨습
니까?'

지지유권자를 겨냥한 포지셔닝   239
이변을 낳은 선동가의 도발적 포지셔닝 전략 | 조지 부시의 온정
적 보수주의 | 그들에게 지옥을 보여줘, 해리! | 우리나라의 19대
대선 사례 | "신노동당, 영국을 위한 새로운 삶"

경쟁자 대비 포지셔닝 254

박정희 후보의 "농민의 아들" | 윤보선 후보의 "박정해서 못 살 겠다" | "노동당은 일하지 않는다" | "오바마는 일하지 않는다" | "트럼프만 빼고 아무나"와 "잘 가라 도널드" | "매기, 매기, 매 기 - 나가!, 나가!, 나가!" | 네거티브의 유혹, "신노동당, 새로운 위험"

리포지셔닝 전략 265

부통령에서 절망의 나락으로 | 2차 세계대전 영웅의 총선 패배, 그리고 보수당의 환골탈태 | 휠체어를 타고 대통령에 오르다 | '홍카콜라'에서 '청문홍답'까지

10장 전략가 찾기와 컨트롤 타워의 화학적 결합

전략가 후보들 288

화학적 결합 290

회의는 회의적이다 292

목민관과 서번트 리더십 294

1장

승리의 설계자

전략은 선거에서 가장 중요한 요소이다.

조셉 나폴리탄
(Joseph Napolitan)

2008년 10월 〈애드버타이징 에이지〉(*Advertising Age's*)는 아직 대통령
후보 신분이었던 오바마(Barack Obama)를 마케팅 전문가들이 뽑은
'올해의 마케터'로 선정했다. 그 심사과정에서 오바마가 제친 상대는
애플이나 나이키, 쿠어스 같은 세계적인 브랜드들이었다. 탁월한 선거
전략이 그때 오바마를 선정한 이유였는데 그만큼 마케팅을 잘 활용한
후보라는 이야기가 아닐 수 없다. 당연히 그는 경선에서 강력한 후보였던
힐러리(Hillary Clinton)를 이기고, 공화당의 매케인(John McCain)을 차례로
따돌리면서 미국 44대 대통령에 당선되었다. 〈애드버타이징 에이지〉는
오바마가 승리한 11월 4일을 "마케팅 역사에서 가장 위대한 날"이라고
불렀다.

전략가

미국의 주요 선거는 '전략가'(*strategist*)라 불리는 사람들이 전략을 세우고 이른바 '워 룸'(*war room*)에서 현장을 지휘한다. 그들은 자신이 지원하는 후보의 당선을 위해 과감하게 네거티브 캠페인을 활용하기도 하고, 상대 후보에 대한 무자비한 공격도 마다하지 않는다. 그런 네거티브 공격을 당하면 루머가 사실이 되어버리는 곤란한 상황을 막기 위해 역습을 강행하여 지고 있던 선거를 대역전극으로 마무리하기도 한다. 현대 미국 선거에 있어서 전략가의 역할은 절대적이다.

오바마의 승리 뒤에는 '선거의 귀재'로 불리는 수석전략가(*chief strategist*) 데이비드 액설로드(David Axelrod)의 헌신이 있었다. 액설로드는 오바마 선거운동의 핵심 개념이었던 '변화'(*change*)와 "그래, 우리는 할 수 있어"(Yes, We can) 같은 슬로건을 만들어 선거를 승리로 이끄는 데 주도적 역할을 했다.

액설로드의 앞뒤에도 뛰어난 전략가는 줄을 잇는다. 누구의 승리에도 그 뒤에는 뛰어난 전략가들의 헌신이 있었다.

1960년대 케네디(John F. Kennedy)와 존슨(Lyndon B. Johnson) 대통령의 승리에는 최초의 정치컨설턴트로 일컬어지며 미국 정치컨설턴트협회 초대 회장을 지낸 조셉 나폴리탄(Joseph Napolitan)의 기여가 있었다. 나폴리탄은 선거운동에서 전략의 중요성을 일찍이 강조한 인물이다. 나폴리탄은 현대 전략가의 표상이라 할 수 있으며 그 이후의 많은 전략가들에게 영향을 주었다.

미국의 40대 대통령 로널드 레이건(Ronald Reagan)의 당선에는 그의 정치적 이미지 메이킹에 크게 도움을 준 마이클 디버(Michael Deaver)의 숨은 공이 있었다. 레이건은 이미지 연출을 가장 잘 활용했고, 그 결과 대선에서 승리했으며 나아가서 성공한 대통령이 되었다. 레이건의 대선 구호는 그 유명한 "미국을 다시 위대하게"(Make America Great Again)였는데, 도널드 트럼프는 이 슬로건을 2016년에 재활용하면서 승리했다. 디버는 레이건 당선 후 백악관 비서실 부실장으로 그의 곁을 지켰다.

두 번의 상원의원 선거와 대통령 경선에서 실패했던 만년 2인자 조지 부시(George H. W. Bush, 아버지 부시)를 대통령에 당선시킨 전략가는 '악당'(bad boy)이라는 별명으로 유명한 리 애트워터(Lee Atwater)였다. 그에게 그런 별칭이 따라다닌 것은 그가 네거티브 전략의 명수였기 때문이다. 애트워터는 선거 초반 상대후보 듀카키스(Michael Dukakis)에게 지지율이 17%나 뒤처지는 상황에서 무자비한 네거티브 공격으로 결국 부시에게 승리를 안겨 주었다. 그는 40세에 뇌종양으로 사망했는데 그즈음 자신의 정적들에게 자신의 도덕적 타락과 그로 인한 네거티브 캠페인을 사과한다는 취지의 편지를 보낸 바 있다. 전략가의 윤리와 도덕성에 대해서 생각하게 만드는 인물이다.

걸프전의 영웅 부시를 단임 대통령으로 주저앉힌 무명인사 빌 클린턴(William 'Bill' Clinton)의 승리는 제임스 카빌(James Carville)의 공헌에 힘입은 바 크다. 카빌은 "바보야! 문제는 경제란 말이야"(It's the economy, stupid!)라는 슬로건 하나로 선거의 프레임을 전쟁에서 경제로 바꿔놓은 천재 전략가이다. 클린턴을 백악관에 입성시킨 후 카빌은 영국, 캐나다, 이스라엘, 볼리비아 등 무려 23개국에서 선거를 지원하는 활동을 펼쳤다.

대통령으로 당선된 후 중간선거에서 참패하여 나락에 떨어져 있던 클린턴을 재선으로 끌어올린 인물은 최고의 전략가이자 '고용된 총잡이'(hired gun)로 불리는 딕 모리스(Dick Morris)였다. 모리스는 삼각주(triangulation) 전략으로 클린턴을 위기에서 탈출시켰는데, 그것은 삼각형의 정점에서 아래 밑변 양측의 장점만 뽑아서 활용한다는 개념이다. 말하자면 중도통합론인 셈인데 이 전략에 의해 '균형예산' 개념이 탄생했고, 거기에 힘입어 클린턴은 재선에 성공했다.

클린턴에게 제임스 카빌과 딕 모리스가 있었다면 아들 부시(George W. Bush)에게는 칼 로브(Karl Rove)가 있었다. 로브는 전 대통령의 아들이라는 점 외에는 크게 부각되지 않았던 인물인 부시를 2000년과 2004년 대선에 당선시키는 데 큰 공을 세웠다. 부시가 '천재소년'(boy genius)이라고 칭하던 그는 "로브가 결정하면 부시가 행동한다"는 세간의 평을 들을 정도로 핵심 측근의 역할을 했다. 2004년의 선거에서 당선된 직후 행한 연설에서 부시는 그를 승리의 설계자(architect)라고 칭송할 정도였다.

2016년 미국 대선에서 당선 가능성이 매우 낮게 평가되던 도널드 트럼프(Donald Trump)가 대통령이 되는 과정에는 '트럼프의 남자'로 불리는 정치컨설턴트 로저 스톤(Roger Stone)의 역할이 컸다. 그는 1988년부터 끊임없이 트럼프에게 대선 출마를 권유했다고 하는데 그 꿈을 28년 만에 이룬 것이다. 스톤은 뛰어난 정치전략가라는 평가도 받지만 '이기기 위해서 온갖 비열한 수단을 동원하는 사기꾼이자 협잡꾼'이라는 혹평을 더 많이 받는 사람이다. 아무튼 "무명보다는 악명이 백 번 낫다"고 주장하는 그는 공격적인 성향의 트럼프와 결이 잘 맞는 인물이다.

트럼프 승리에 신의 한 수 역할을 한 러스트벨트 지역 공략 아이디어도 스톤의 머리에서 나왔다. '포퓰리즘'과 '네거티브'로 상징되는 그의 선거 전략은 많은 비판을 받지만 어쨌든 개인적인 호, 불호를 떠나 스톤은 결과적으로 트럼프에게 승리를 안겨주었다. 트럼프의 당선 후에 넷플릭스가 제작한 다큐멘터리 〈킹 메이커 로저 스톤〉(Get Me Roger Stone)에는 스톤이 트럼프를 백악관으로 이끈 과정을 소상하게 밝히고 있다.

2020년 트럼프와 맞붙었던 조 바이든(Joseph Biden)의 당선에는 노련한 선거 전략가인 그의 여동생 밸러리 바이든 오웬스(Valerie Biden Owens)와 대선 캠프의 수석전략가였던 마이크 도닐런(Mike Donilon)의 역할이 컸다. 밸러리는 이번 대선 캠프에서는 공식적인 직함을 맡지 않았지만 1970년 바이든이 20대의 나이에 뉴캐슬카운티의 카운티의회의원으로 정치에 입문한 이래, 상원의원 7번, 부통령 2번, 대선에 이르기까지 모든 선거 캠페인을 총괄해온 인물이다. 이번 대선도 그녀가 실질적인 총괄 역할을 한 것으로 알려져 있다. 밸러리는 바이든의 오랜 전략가였던 조 슬래이더(Joe Slade)의 미디어컨설팅회사(Joe Slade White & Company) 부사장으로 일하기도 했다.

마이크 도닐런은 1981년부터 바이든의 최측근 참모로 일했다. 변호사인 그는 빌 클린턴의 1992년 대선 캠프와 25번의 상원의원과 주지사 선거에서 민주당의 전략가로 활약했다. 바이든의 '조력자', '복심', 심지어는 '또 다른 자아'로까지 불린다. 미국의 언론은 바이든이 도닐런에게 "'마이크, 자네 생각은 어때?' 하고 지금까지 1만 번이상 물어봤을 것이다"라고 보도했을 정도이다. 그의 역할과 위상을 짐작할 수 있는 기사이다. 대선이 끝난 후 바이든은 도닐런을 백악관 선임고문으로 임명했다.

이렇듯 미국의 선거에서 전략가의 역할은 막중하다. 그들은 전반적인 선거 전략을 수립하고 그 전략에 따라 선거를 일사불란하게 지휘하여 후보자에게 당선의 영광을 안겨준다. 그러나 전략가의 역할에도 명암은 있다. 앞서 언급한 리 애트워터나 로저 스톤의 경우처럼 네거티브를 범죄 수준으로 활용하는 것은 절대 바람직하지 않다. 그런 역할은 '선거기술자'가 할 일이지 '전략가'가 할 일은 아니다. 스톤은 자신의 정치적 행동 원칙을 "공격, 공격, 공격하라. 절대 수비하지 말라. 그리고 아무것도 시인하지 말 것이며 모든 것을 부정하고 역습하라!"고 밝혔다. 스톤은 1988년 애트워트가 이끌던 조지 부시의 캠프에서 선임컨설턴트로 일했는데 당시 네거티브 전략을 많이 전수받았을 것으로 짐작되며, 그런 흔적은 당시의 보도 곳곳에서 발견된다. 스톤은 네거티브 공격 측면에서는 애트워트를 뛰어넘는 청출어람의 전형이라고 할 만한 인물이다.

결론적으로 말하자면 이런 전략가는 곤란하다. 이런 역할은 설사 후보를 당선시킨다고 하더라도 바람직하지 않으며 자신은 물론 결국은 자신이 지원한 후보도 망치고, 나아가서 나라에도 도움이 되지 않는 결과를 가져온다. 특히나 지금같이 국민의 의식수준이 높고, IT 기술의 발달로 누구나 온갖 감시장치와 소통수단을 가진 상황에서 결코 해서는 안 될 역할이다.

우리나라 정치에도 이제 제대로 역할을 하는 전략가의 등장이 필요하다. 우리의 전략가는 미국의 전략가와는 좀 달랐으면 하는 개인적인 소망이 있다. 미국의 전략가 중에는 너무 상업성에 물들어 승리를 위해서라면 악마에게 영혼도 팔 수 있는 인물들이 있기 때문이다. 승리를 위해 수단과 방법을 가리지 않는 부류들은 정치를 오염시킬 수 있기에 전혀 바람직하지 않은 존재들이다. 바라건대 유비의 제갈량 같은 역할을 하는 지략과 충의의 전략가가 나왔으면 한다.

>>>>————————————————→

스핀 닥터

스핀 닥터(*spin doctor*)를 전략가와 비슷하게 생각하는 경우도 많은데, 둘의 차이는 뚜렷하다. 스핀 닥터는 정치인이나 고위관료의 측근에서 그들의 대변인 역할을 하는 홍보전문가를 의미하거나, 대선 같은 큰 규모의 선거에서 언론홍보를 총괄하는 인물을 말한다. 그 임무는 말하자면 정치인과 정부의 정책이나 입장을 대중에게 긍정적으로 소통하는 역할이다. 그런데 스핀 닥터에는 부정적 의미가 내포되어 있다. 여기서 스핀은 야구나 테니스에서 공에 스핀(회전)을 먹이듯 기삿거리에도 스핀을 먹여서 자신의 진영에 유리하게 윤색 또는 왜곡하는 것을 말한다. 스핀 닥터는 그런 일을 하는 전문가를 말한다. 그런데 문제는 그 정도가 지나쳐서 여론조작에 이르는 경우가 빈번하다는 것이다.

  스핀 닥터가 큰 역할을 한 사례로 빌 클린턴의 성추문 사건이 꼽힌다. 전문가들은 1997년 클린턴 대통령과 인턴 직원인 르윈스키(Monica Lewinsky)의 부적절한 관계가 폭로되어 위기에 처했던 백악관이 그 힘든 상황을 헤쳐 나갈 수 있었던 것은 스핀 닥터의 역할이 있었기 때문이라고 한다. 예를 들어 TV 중계 등을 통해 대통령에게도 사생활이 있을 수 있음을 주장하는 등, 스캔들을 덮고 동정적인 분위기를 만들 뉴스를 지속적으로 언론에 노출시킨 스핀 닥터의 홍보전략 덕분이었다는 것이다.

2003년 조지 부시 미국 대통령과 토니 블레어(Anthony 'Tony' Blair) 영국 총리는 이라크에 대량살상무기(WMD: Weapons of Mass Destruction)가 있다며 음베키(Thabo Mbeki) 남아공 대통령 등의 반대에도 불구하고 이라크 침공을 주도했다. 그러나 그 후 이라크에서 대량살상무기는 발견되지 않았다. 바그다드 탈환을 지휘한 미국 해병대의 제임스 콘웨이(James Conway) 장군은 "대량살상무기를 발견하지 못한 것은 충격이었다. 우리는 쿠웨이트 국경 부근과 바그다드의 모든 탄약보급창을 샅샅이 수색했다. 그러나 대량살상무기는 없었다. 우리가 틀린 것이었다"고 했다.

일각에선 이라크 침공이라는 정치적 목적을 달성하기 위해 미국과 영국이 처음부터 그릇되고 부풀린 주장을 펼쳤다는 비판이 나왔다. 당시 토니 블레어 영국 총리의 홍보수석이었던 알라스테어 캠벨(Alastair Campbell)은 "이라크가 45분이면 대량살상무기를 발사할 수 있다"고 위협을 과장했다. 자신이 원하는 바를 얻기 위해 사안을 왜곡하거나 조작하는 스핀 닥터의 전형이 아닐 수 없다. 전략가가 결코 스핀 닥터의 역할을 해서는 안 될 것이다.

전략가가 도덕적으로 훌륭한 역할만 할 수는 없다. 선거가 도덕군자를 뽑는 일은 아니기 때문이다. 그래서인지 전략가의 역할을 부정적으로 보는 시각도 많다. 정치컨설턴트 노먼 애들러(Norman

Adler) 는 "대부분의 후보들은 피노키오와 같다. 피노키오를 아는가? 피노키오에서 한 가지를 기억하고 있는가? 그는 진짜 소년이 아니었다. 그는 조각되고 만들어진 존재에 불과했다. 정치인마다 다르지만, 대부분의 정치인들도 진짜 소년이 아니라 만들어진 존재이다"라고까지 말할 정도이다.

전혀 자질이 없거나 도덕적으로 공직에 나가서는 안 될 인물을 헛된 포장으로 당선시켜서는 안 되겠지만, 그 반대의 경우는 필요하지 않을까. 충분한 역량을 갖추고 있고 나라를 위해 꼭 필요한 인물이지만 유권자에게 제대로 알려지지 않은 인물을, 훌륭한 선거 전략으로 무장시켜 당선시키는 일은 사회를 위해서도 꼭 필요한 역할일 것이다. 온갖 지혜와 품성, 리더십을 갖춘 숲속의 현자를 정치로 모셔와서 당선시키기 위해서는 전략가가 필요하다.

우리나라의 정치판에는 명실상부한 전략가가 없다. 전략가가 없으니 체계적인 전략도 없고, 일관성 있는 전략의 실천도 없다. 우리나라의 선거 캠프들은 대개 '불난 호떡집' 같은 분위기이다. 사람도 많고 자리도 많지만, 제대로 된 전략가의 역할을 수행하는 인물은 없는 경우가 대부분이다. 조직은 방대하고 그럴듯한 직함은 있으나, 대개 자신의 역할이나 임무도 잘 모르고 부서 간의 교감도 없다. 각자 바쁘게 돌아가고 무언가를 하고 있지만 시너지를 내게 하는 시스템은 없다. 말하자면 각자도생이다. 객관적으로 판세를 읽고 대처하려는 사람은 드물다.

어쩌면 선거 캠프에 몸담고 있는 사람들은 상당수가 조직의 승리보다는 자신의 정치적 입지와 손익계산에 더 바쁜지도 모른다. 전략가는 없지만 자칭 전문가는 많은 것이 우리나라 캠프의 실태이다. 선거를 한두 번 이상 치러본 정치인들은 대개 자신이 선거전문가임을 자임한다. 선거에 한 번이라도 이겨본 사람일수록 그 자만의 정도는 심하다. 국회의원 선거와 대통령 선거는 전혀 다른 상황인데도 스케일의 문제는 안중에 없다. 심지어는 이긴 캠프에 운동원으로 몸담아본 사람들까지도 전문가 행세를 하는 행태를 보인다. '사공이 많으면 배가 산으로 간다'는 속담은 우리의 선거 캠프에 딱 맞는 표현이다.

전략가와 스핀 닥터의 역할도 구분하지 못하는 전문가는 곤란하다. 우리 선거에 절대 필요한 역할은 배가 산으로 가는 것을 막을 수 있는 전략가이다.

필승의 무기, STP 전략

기업은 신제품을 하나 출시하는 데도 엄청난 공을 들인다. 먼저 시장조사를 통해 수요를 측정하고, 경쟁자를 파악하면서 소비자조사를 통해 잠재고객의 필요와 욕구를 찾아낸다. 그리고 소비자에 대한 정보를 토대로 시장을 세분화한다(*segmentation*). 그런 다음 세분화된 시장 중에서 집중할 몇몇 시장을 골라내는 타게팅 작업을 한다(*targeting*). 그리고는 각각의 세분화된 시장에 있는 소비자의 마음에 상품의 이미지를 각인시키기 위한 포지셔닝 전략을 세운다(*positioning*). 다른 경쟁자들에 비해 최고의 경쟁력을 가질 수 있는 경쟁위치를 설정하는 것이 포지셔닝이다.

포지셔닝 전략을 수립할 때 가장 중요한 기준은 차별화이다. 자기제품의 비교우위를 찾아서 경쟁제품과는 다른 독특한 속성을 강조하는 것이다. 기업은 제한된 자원으로 최대의 이익을 얻어야 하기 때문에 투자 대비 성과가 큰 세분화된 시장을 선택해서 집중 공략하는 것이 중요하다.

선거운동에도 마케팅 전략은 필수적이다. 마케팅 전략 중에서도

STP(Segmentation, Targeting, Positioning) 전략은 필승의 무기이다. 선거운동에 나서는 후보자나 운동원이 알아야 할 핵심사항은, 욕구가 다양하고 투표성향이 다른 모든 유권자 층에 대해 같은 공약이나 정책제시로 접근해서는 그들을 만족시킬 수는 없다는 현실이다. 그래서 STP 전략이 필요한 것이다. 클린턴이나 트럼프의 예상밖 승리도 STP 전략에 힘입은 바 크다.

정치소비자(유권자)에게 후보자는 하나의 상품이다. 선거마케팅 전략이란 "우선 정치소비자를 잘 분석해서 그들의 다양한 욕구에 맞는 공약을 개발하고, 상품(후보자)이 자기 브랜드(소속정당)의 후광효과를 입도록 유도해서 시너지를 내게 하는 것이다. 그런 다음 유권자들의 가려운 곳을 시원하게 긁어주는 포지셔닝으로 그들이 구매(투표)를 많이 하게 만드는 것"이라 할 수 있다.

마케팅 석학 필립 코틀러(Philip Kotler) 교수는 "마케팅이 제 역할을 하면 영업부서는 할 일이 없어진다"고 했다. 마케팅을 제대로 하면 고객들이 찾아와서 줄을 서는데, 굳이 고객들을 찾아가서 영업을 할 이유가 없다는 의미이다. 선거마케팅을 제대로 하면 정치소비자들이 열광할 텐데 구태여 유권자들을 찾아가는 득표활동은 덜해도 된다는 논리가 성립된다. 그만큼 선거운동에서 마케팅 전략은 중요하다.

기업이 신제품 출시에 성공하면 시장점유율의 증가와 함께 많은 매출과 이익, 브랜드 인지도 등을 얻는다. 선거에 나선 후보자가 승리하면 대선의 경우 정권을 장악하게 되고, 지자체 선거의 경우에는 도지사나 시장 직을 맡게 되며 해당 지역의 지자체를 경영하게 된다. 국회의원이나 각급 지자체 의회의 의원이 되면 나라살림을 감시하고 참여하는 소중한 기회를 얻게 된다.

선거의 승리는 공적으로나 개인적으로 기업의 승리보다 훨씬 많은 것을 이룰 수 있음에도 불구하고, 선거에 임하는 이들의 자세는 기업 구성원들의 노력에 턱없이 못 미친다.

선거는 후보자 개인에게도 일생일대의 기회이다. 이기면 영광인 것은 말할 것도 없고 국가를 위해 포부를 펼쳐볼 수 있는 기회를 갖게 된다. 설사 지더라도 제대로 된 마케팅 전략을 갖고 선거에 임한 후보자는 좋은 이미지 등으로 다음 선거를 기약할 수 있는 긍정적 자산을 보유하게 된다. 끝이 결코 끝이 아닌 것이다. 그럼에도 불구하고 많은 후보들과 정당들은 마케팅 전략을 세우지 않을 뿐 아니라, 설사 수립했다 해도 그것을 일관성 있고 끈기 있게 선거기간 동안 밀어붙이지 못한다. 안타까운 현실이 아닐 수 없다. 마케팅, 그 중에서도 STP 전략의 활용은 승리의 필수조건이다.

전략이 안 보이는 우리 선거

2021년 11월 말에 대선정국을 바라보는 마음은 착잡하기 짝이 없다. 국민에게 희망을 주어야 할 나라의 지도자를 뽑는 선거가 난장판으로 흘러가고 있기 때문이다. 양대 정당의 대선캠프는 연일 서로 막말 수준의 공격을 주고받고 있다. 선거가 다 그렇지 하고 넘어가기엔 유난히 전략과 정책은 실종되고 공격과 혐오만 들끓고 있다. 이런 상태로 가면 이 선거는 사상 최악의 네거티브 캠페인이 될 전망이다.

양당은 이미 서로의 후보에 대한 각각, 이름만 조금씩 다른 '비리검증 특별위원회'를 출범시켰다. 사실 양당의 대통령 후보가 선거 전부터 동시에 수사 선상에 올라 있는 것도 처음 보는 낯선 풍경이다. 두 후보가 다 법조인, 그것도 검찰총장과 인권변호사 출신이라는 사실과 겹쳐져 유권자들을 어리둥절하게 만든다. 대통령을 유권자가 뽑는 것이 아니라 검찰이 선출하는 것이 아닌가 하는 우려마저 생긴다. 야당의 후보경선에 참여했던 한 유력정치인은 공개적으로 "이번 대선에서 지는 사람은 정치보복이라고 따질 것도 없이 감옥에 가야 될 것"이라고 호언장담하고 있는 판국이다.

이런 상황이니 후보들에 대한 호감이 생길 수가 없다. 약간의 차이는 있지만, 양당 후보에 대한 호감도는 불과 30% 대에 머무르고 있는 반면에 비호감도는 60% 대에 다다르고 있다. 내가 지지하고 열광할 후보가 없어서, 싫은 후보 중에서 조금 덜 싫은 후보를 선택해야 하는 현실은 비극이다. 내가 아주 싫어하는 후보가 당선되는 것을 막기 위해 덜 싫은 후보에게 투표하는 것은 희극이다.

양당의 캠프가 주고받는 공격의 내용이 초등학교 반장선거 수준도 안 된다. 그런 발언들을 공당의 고위인사들 입을 통해 듣다 보니 정치 자체가 싫어진다. 선대위원장이 할 일과 대변인이 할 일을 구분 못 하는 경우도 흔히 목도된다. 저런 사람들에게 나라를 맡겨야 하나 하는 불안감은 시간이 갈수록 증폭된다.

양당의 후보는 공히 국회의원 경험이 없다. 국회에 대한 국민의 혐오가 그런 후보들을 뽑게 했다고들 말한다. 한 연구기관이 발표한 조사결과를 보면 우리 국회는 신뢰도가 군, 경찰, 검찰보다 낮은 바닥 수준이었다. 국민 자신이 뽑은 '선량'을 국민이 불신한 대가가 자업자득이라고 치부하고 말기엔 너무나 클 것 같다. 혐오를 피하려다 그보다 더한 것을 만날 가능성이 농후하니 말이다.

이번 대선 후보 중에 지지할 후보가 없다는 부동층이 25%에 이른다는 여론조사 결과도 있었다. 찍을 후보를 못 정하고 있다는 유권자가 절반 수준이라는 보도도 있어 더욱 암울하게 느껴진다. 선택지는 이미 주어졌는데 말이다. 유권자들은 불안하다. 불안감을 갖고 있는 유권자들은 대체로 선택을 미루고, 후보자들에 대한 정보를 더 알려고 하는 경향을 보인다. 후보자의 개인적 특성과 사생활에 관해 더 많은 관심을 보이게 된다. 이런 상황이 되면 막판에 표심을 정하는 유권자가 많아진다.

미국의 저명한 여론조사 전문가인 존 조그비(John Zogby)는 유권자가 불안해지면 투표 당일에 지지후보를 결정하는 경우가 18%까지도 이른다는 사례를 발표한 바 있다. 우리의 내년 3월 대선도 마지막에 후보를 결정할 유권자 많아질 것이고, 그때까지 선거운동은 지저분한 난타전이 이어질 것이다.

전망하건대 2022년 대선은 부동산 선거가 될 상황이다. '아파트가격 폭등', '대장동 게이트'가 다 부동산 이슈이다. 지금 양 후보들이 '국토 보유세 신설'과 '종부세 개편' 등을 내놓고 공방을 벌이고 있는데 그것도 결국 부동산과 관련된 문제이다. 아파트가격 폭등 이슈는 MZ세대를 분노케 하여 지난 지자체 보궐선거의 명운을 기르게 했다. 그들의 분노는 현재도 진행형이다. 이제 어떤 화려한 정책이나 달콤한 공약으로도 부동산 이슈를 덮지는 못할 것이다. 다른 이슈로 그들의 시선을 돌려놓을 수 있을 것 같아도, 부동산 문제는 수면 아래로 잠시 잠복할 뿐이다. 아파트가격 폭등은 젊은 세대의 미래를 앗아간 주범이다. 그들이 그동안 믿고 지지를 보냈던 정부, 여당에 대해 느낀 배신감을 지자체 보궐선거에서 투표로 응징한 것이다. 대장동 게이트의 돈 잔치는 아파트가격 폭등으로 깊이 찢어진 젊은이들의 상처에 대놓고 소금을 뿌린 사건이었다. 그렇게 덧난 상처는 하시라도 더 크게 터질 수 있는 시한폭탄이다.

야당은 "특검을 거부하는 자가 범인이다" 라는 슬로건을 내걸었는데 여당은 '상설특검'으로 맞받아치고 있다. 일각에서는 '쌍특검'도 주장하고 있다. 특검으로는 선거를 마무리 지을 수 없을 것이다. 이번 선거는 한마디로 "부동산 이슈를 피하는 자가 패한다" 라고 할 수 있다. 한걸음 더 나아가면 "부동산문제 해법을 제시하는 자가 승자"가 될 것이다. 서로가 상대 당의 게이트라고 하는 상황에서, 특검은 변죽만 울리다 책임규명은 되지 않을 것으로 전망된다. 설사 된다고 하더라도 그것으로 국민은 흡족해 하지 않을 것이다.

승패는 해법에 달려 있다. 누가 단시일 내에 부동산 가격을 내릴 설득력 있는 방안을 제시하는가에 따라 승부는 갈릴 것이다. 적어도 청년들에게 희망을 주어야 하는 것이 정치지도자의 책임 아닌가. 부동산문제를 호도하지 말고 정면으로 승부하라. 그 길만이 승리로 이끄는 길이 될 것이다. 전략이 있어야 이길 수 있다. 그러나 이 절체절명의 싸움터에도 전략가는 보이지 않는다.

《삼국지》의 저자 진수는 "제갈량은 백성들을 안정시키고 가야 할 길을 제시하였으며, 시대에 맞는 정책을 내고 마음을 열어 공정한 정치를 행하였다"고 했다. 제갈량이 이 선거를 봤다면 한마디 하지 않았을까.

"백성들 생각 좀 해라,
바보들아! 문제는 부동산이야."

2장

선출직 공직에
도전하려는 이들에게

———

내 힘으로 할 수 없는 일에 도전하지
않으면, 내 힘으로 갈 수 없는
곳에 이를 수 없다.

백범 김구

지도자는 타고나는 것이 아니라 만들어진다

선출직 공직을 인생의 목표로 삼았다면 여러분은 이제부터 철저한 자기관리를 생활화해야 하며, 동시에 자신의 역량을 키워나가야 한다. 꿈을 꾸기만 한다고 현실이 되지는 않는다. 꿈을 이루기 위해서는 뚜렷한 목표와 계획을 세우고 끊임없이 자신을 단련해 나가야 한다. 꿈과 목표에 걸맞은 요건과 역량, 리더십을 갖춰야 하기 때문이다. 지도자는 타고나는 것이 아니라 만들어진다고 한다. 노력을 기울이면 큰 인물이 될 수 있다.

백악관에서 리처드 닉슨(Richard Nixon), 제럴드 포드(Gerald Ford), 로널드 레이건(Ronald Reagan), 빌 클린턴(William 'Bill' Clinton)까지 4명의 미국 대통령을 보좌했던 데이비드 거겐(David Gergen) 하버드대 교수는 그의 저서 《CEO 대통령의 7가지 리더십》(Eyewitness to Power)에서 리더십은 개인적 특성이 아닌 끊임없는 노력의 결과라고 했다.

그는 닉슨은 탁월한 통찰력을 가진 국제전략가였고, 포드는 뛰어난 인품을 가졌으며, 클린턴은 가장 지적인 엘리트였지만, 가장 성공적인 대통령은 그들보다 지적 자질은 좀 부족했던 레이건이라고 했다. 거겐 교수는 레이건을 프랭클린 루스벨트 이후 최고의 미국 대통령으로 꼽았다. 레이건은 국민을 설득하는 데 탁월한 능력을 지니고 있었고, 국민들의 지지를 토대로 언론 및 의회와 좋은 관계를 유지하여 실질적인 정책 변화를 이끌어낸 인물이었기 때문이라고 그 이유를 밝혔다. 레이건의 능력은 타고난 것이 아니라 노력의 산물이었다.

거겐 교수는 빌 클린턴은 역대 미국 대통령 중 가장 뛰어난 자질을 가진 인물이었음에도 불구하고, 의회와의 원만한 관계 유지에 실패한 점과 도덕성 결여 등을 지적하며 실패한 대통령이라 평가했다. 거겐은 훌륭한 대통령이 되기 위해 반드시 갖추어야 할 능력으로 개인적 일관성, 소명의식, 설득력, 협상능력, 순발력, 숙달된 참모진, 그리고 대중을 움직일 수 있는 능력 등 7가지를 제시하기도 했다. 지도자를 꿈꾸는 사람들에게는 필히 갖추어야 할 덕목이 아닐 수 없으며 그것은 노력을 통해서 갖출 수 있는 역량이다.

스포츠지도자도 노력이 만든다

뛰어난 지도자가 노력으로 만들어진다는 것은 정치뿐 아니라 다른 분야에서도 증명된 사실이다. NFL(National Football League, 미국 프로 미식축구협회) 역사상 가장 위대한 감독으로 손꼽히는 빈스 롬바르디(Vince Lombardi)는 최약체 팀을 키워 9년 동안 5회의 슈퍼볼(Super Bowl) 우승기록을 세운 신화적인 인물이다. 미식축구는 미국의 4대 프로 스포츠로 꼽히는 야구, 농구, 아이스하키 중에서도 최고의 인기를 누리고 있는 종목이다. 야구의 월드시리즈 7차전이나 월드컵 축구 결승전 같은 세계적인 스포츠 이벤트 중에서도 가장 주목받는 경기가 미식축구의 왕중왕을 가리는 슈퍼볼이다. 슈퍼볼은 평균 시청자가 1억 명에 달하며 1초당 광고 단가가 1억 원을 훌쩍 넘길 정도이다.

롬바르디는 승률이 10%도 안 되던 꼴찌 팀, 그린베이 패커스(Green Bay Packers)의 감독을 맡아 2년 만에 최고의 팀으로 만들었는데, 지휘봉을 잡은 9년 동안 무려 74%라는 놀라운 승률을 이룩하였다. 그는 리더는 태어나는 것이 아니라 엄청난 노력으로 만들어지는 것이라며 "모든 것을 쏟아부어야 한다. 내게 남은 것이 단 하나도 없어야 한다. 우리에게 승리가 제일 중요한 것은 아니다. 그러나 우리에게는 오직 승리만이 있을 뿐이다"라는 어록을 남겼다. 노력은 스포츠에서도 당연히 통하는 덕목인 것이다. 그의 이름 빈스 롬바르디는 슈퍼볼 우승컵의 이름으로 남아 있다.

최고의 경영자, 레벨5의 리더

'경영의 구루'로 불리는 세계적 경영컨설턴트 짐 콜린스(Jim Collins)는 자신의 저서 《좋은 기업을 넘어 위대한 기업으로》(Good to Great)에서 좋은 회사를 위대한 조직으로 만드는 최고의 경영자를 '레벨5의 리더'라고 명명했다. 레벨5의 리더란 경영자가 갖출 수 있는 능력의 다섯 단계 중 맨 위의 경지에 다다른 사람을 말한다. 좋은 회사에서 위대한 회사로 크게 성장한 기업들은 중대한 전환기에 예외 없이 레벨5의 리더가 견인차 역할을 하고 있었다는 것이다.

콜린스에 의하면 레벨5의 리더들은 개인적 겸양과 직업적인 강렬한 의지의 융합을 구현하고 있는 사람들이다. 조직의 비전과 목표를 달성하기 위해 자신을 낮추고, 기업을 성장시키기 위해 헌신하는 리더들이다. 그리고 개인의 능력과 노력 그리고 열정, 야망을 자신을 위해서가 아니라 조직의 목표 달성을 위해 사용하는 희생적인 경영자를 뜻한다.

레벨5의 리더들은 일이 잘 풀릴 때에는 창문을 열고 밖을 향해 '모든 성공이 여러분들의 노력 덕분'이라고 구성원들에게 고함치며 찬사를 보낸다. 그러나 일이 잘 풀리지 않을 때에는 거울을 들여다보고 자책하며 자신에게 책임을 묻고, 절대 운이 나빴다고 핑계대지 않는 사람들이다. 콜린스의 연구결과 레벨5의 리더십을 발휘하는 사람들 중 대다수는 리더십을 배운 특별한 계기나 경험을 갖고 있지 않았다. 그러나 그들 중 상당수는 자신들의 생각과 관점을 바꾸게 된 전환의 계기는 있었다고 했다.

이런 연구결과는 리더십은 성격처럼 타고나는 기질이 아니라는 것을 말해준다. 위대한 경영자도 노력을 통해서 탄생하는 것이다. 요즘 세상에 경영자는 지도자와 동의어라 할 수 있다. 당연히 정치도 경영의 영역이 아닐 수 없다. 정치지도자를 꿈꾸는 사람들은 레벨5 리더의 덕목을 갖추기 위해 노력해야 한다.

44

리더의 조건

30여 년간 리더십을 연구한 산타클라라대학 리비경영대학원의 제임스 쿠제스(James Kouzes)와 배리 포스너(Barry Posner) 교수도 그들의 저서 《리더십 챌린지》(The Leadership Challenge)에서 같은 맥락의 결론을 내린 바 있다. 그들은 수천 명에 이르는 리더들을 인터뷰하여 사례를 분석하고, 72개국 3백만 명 이상을 대상으로 설문조사를 하였다. 그들이 질문한 내용의 핵심은 "당신은 리더로서 전성기였을 때 어떤 역할을 했습니까?"였다. 또한 리더들이 했던 노력과 성공 그리고 실패와 그 실패를 극복해 낸 방법도 파악했다. 두 연구자는 그러한 심층연구를 통해 "리더십은 타고나는 것이 아니며, 특별한 사람만이 가질 수 있는 능력도 아니고 학습으로 얻을 수 있는 능력이다"라는 결론을 내렸다.

쿠제스와 포스너는 그들의 연구를 통해 훌륭한 리더는 엄청나게 긍정적 변화를 일으킬 수 있다는 메시지를 전하고 있다. 그들은 부하들이 존경하는 리더의 특장점으로 "정직한 리더, 미래를 대비하는 리더, 영감을 주는 리더, 능력 있는 리더" 등 4가지 덕목을 갖춘 리더 상(像)을 제시하기도 했다. 4가지 특성 중에서도 그들이 첫손에 꼽은 것은 '정직성'이었다. 정직은 역사에 등장하는 모든 지도자들의 한결같은 특장점이자 이 책에 인용하는 모든 지도자들의 공통분모이다. 쿠제스와 포스너는 그런 리더들이 갖추고 있는 5가지 실천 원칙도 밝히고 있는데 그 내용은 다음과 같다.

리더의 실천 원칙

1 가치와 원칙을 명확히 하는 모델을 제시하라.
2 공유할 수 있는 비전을 제시하여 구성원을 동참시켜라.
3 통찰력을 발휘하여 기회를 모색하고 변화의 과정에 도전하라.
4 사람들을 스스로 행동하고 협력하게 하라.
5 구성원들을 격려하여 사기를 진작시켜라.

이러한 연구결과는 정치지도자를 꿈꾸는 사람들에게도 좋은 지침이 된다.

역경을 딛고 일어선 지도자 에이브러햄 링컨

정치지도자로서 역경 속에서 자신을 채찍질하는 노력으로 큰 꿈을 이룬 인물로 에이브러햄 링컨(Abraham Lincoln)을 빼놓을 수 없다. 그는 일찍이 정치에 뜻을 두고 1832년 불과 23세의 나이에 일리노이주 하원의원 선거에 출마했다. 그의 출마선언은 "누구나 자기만의 고유한 야망이 있다고 합니다. 저는 동포들에게 진정으로 존경받고, 그들의 존경에 부끄럽지 않은 사람이 되고 싶은 야망이 있을 뿐입니다. 제가 그 야망을 어디까지 충족할 수 있을지는 아직 모르겠습니다. 저는 젊고, 많은 사람에게 알려지지 않은 무명입니다"라고 시작한다.

가난한 가정에 태어나 정규교육도 받지 못한 인물이 이런 포부를 가졌다는 것만으로 그가 범상치 않은 인물이라는 것을 짐작할 수 있다. 그러나 안타깝게도 그는 생애 최초로 출마한 선거에서 13명의 후보 중 8등으로 낙선하고 만다. 처참한 성적표였다. 그러나 링컨은 한 번의 좌절에 굴하지 않고 2년 뒤에 다시 도전하여 처음으로 당선의 영광을 얻었다. 그 사이에 그는 독학으로 변호사 자격을 취득했다. 그 이후 1844년까지 주 하원의원으로 4선을 이어갔다.

그러나 주의회 의장 선거에 낙선했고, 1844년 연방 하원의원 선거에 출마하려 했으나 공천에서 탈락하여 좌절하고 만다. 1846년에 가서야 연방 하원의원으로 처음 당선되었다. 그 후 1855년과 1858년의 연방 상원의원 선거에서 내리 낙선했다.

링컨은 그때까지 주 하원의원 선거 4번과, 1번의 연방 하원의원 선거를 제외하고는 대부분의 중요한 선거에서 패배했다. 그러나 그는 결코 꺾이지 않았으며, 오히려 확고한 신념을 갖고 노예제도를 '악의 제도'라고 말하며 그것에 반대하는 자기 소신을 끈질기게 고수했다. 1860년 그는 많은 이변을 일으키며 공화당 대통령 후보로 선출되었고, 그해 11월 대통령 선거에서 승리했다.

1861년 4월 그가 취임한 지 한 달 후에 남북전쟁이 시작된다. 1863년 1월 1일 링컨 대통령은 역사적인 노예해방 선언을 발표하였다. 1864년 링컨은 재선에 성공하였고 이듬해에 암살당하여 세상을 떠나고 만다.

링컨은 미국 역대 대통령 중에서도 가장 존경받는 인물이다. 그러나 그의 생애를 반추해 보면 고난과 역경의 연속이었다. 그는 정치에 입문하기 전 우체국장, 뱃사공, 측량기사, 프로레슬러, 가게 점원 등 여러 직업을 전전했고, 2번이나 사업에 크게 실패했다. 그러나 그러한 고난 속에서도 결코 좌절하지 않고, 실패한 후에는 항상 새로운 도전을 시작했다. 링컨은 어려운 정치적 여건에서도 노예제도 반대라는 자기 소신을 굽히지 않았으며, 결국 그 신념으로 인해서 위대한 지도자가 되었다.

마케팅 대통령, 오바마의 승리

버락 오바마(Barack Obama) 역시 시대는 다르지만 링컨에 못지않은 최악의 조건을 극복하고 미국의 44대 대통령에 오른 인물로서, 역대 미국 대통령 중 최초의 유색인종 대통령이다.

오바마는 케냐 출신의 흑인 아버지와 영국계 미국인인 백인 어머니 사이에서 태어난 혼혈이다. 그는 하와이에서 태어났지만 인도네시아인과 재혼한 어머니를 따라 유년기를 자카르타에서 보냈다. 다시 하와이로 돌아와 호놀룰루에서 고등학교를 졸업한 그는 1979년 로스앤젤레스의 옥시덴탈대학(Occidental College)에 입학하였고, 2년 후 뉴욕의 컬럼비아대학(Columbia University)에 편입하여 정치학 전공으로 학사학위를 취득하였다.

오바마는 대학 졸업 후 뉴욕에서 취업하여 승승장구하다 어느 날 시민운동가가 되겠다는 파격적인 결심을 한다. 그는 시카고로 가서 시민운동가로 수년간 일하였다. 시민운동가로 입신하는 것도 그리 쉬운 일은 아니었다. 그는 여러 단체에 지원과 낙방을 거듭한 끝에 시카고의 '지역사회 개발 프로젝트'(DCP: Developing Communities Project)에서 일을 시작할 수 있었다.

1988년 말, 오바마는 하버드 로스쿨에 입학하였다. 그는 하버드 로스쿨 재학 중 권위 있는 학술지인 〈하버드 로 리뷰〉(*Harvard Law Review*)의 편집장을 흑인 최초로 역임하였다. 오바마는 우수한 성적으로 로스쿨을 졸업한 후 시카고로 돌아가서 변호사로 활동하면서 시카고대학 로스쿨에서 12년 동안 헌법학을 가르쳤다. 그는 1997년 정치에 입문하여 그때부터 2004년까지 일리노이주 상원의원으로 활약했다. 2000년에는 연방 하원의원 후보에 도전하기도 했지만 경선에서 탈락했다. 그러나 그는 2004년에는 연방 상원의원에 도전하여 당선되었다. 오바마가 전국적인 지명도를 얻게 된 계기는 2004년 민주당 전당대회 때의 기조연설이었다.

오바마의 연설은 "나는 위대한 일리노이주, 링컨의 땅 대표로 이 자리에 섰다"로 시작했다. 그는 "진보적인 미국과 보수적인 미국이 따로 있는 것이 아니라 미합중국이 있을 뿐입니다. 흑인들의 미국과 백인들의 미국, 라틴계의 미국과 아시아계 미국이 따로 있는 것이 아니라 미합중국이 있을 뿐입니다" 라는 감동적인 연설을 했다.

오바마는 이 연설로 어느 지역이나 계층이 아닌 전 미국을 사로잡았다. 그는 일약 전국적 인물로 부상했다. 그의 연설은 링컨이 1858년 6월 스프링필드에서 한 "스스로 분열된 집은 바로 서 있을 수 없습니다. 어떤 주는 노예제를 고집하고 어떤 주는 이를 반대하는 한 미합중국도 오래가지 못할 것입니다" 라는 명연설을 상기시키기에 충분했다. 그날 이후 민주당 내부의 유력인사들은 이제 막 연방 상원의원에 도전하려던 오바마를 강력한 대통령 후보로 고려하기 시작했다.

사상 최대의 마케팅 전쟁

2004년 연방 상원의원에 당선된 오바마는 그 기세를 몰아 대통령 선거에 도전한다. 그는 2007년 5월 정치적 고향인 일리노이주 스프링필드의 옛 주의회 청사 광장에서 대권도전을 선언했다. 스프링필드의 옛 청사를 공식 출마선언 장소로 택한 것은 매우 상징적이다. 그곳은 링컨이 1858년 "스스로 분열된 집은 바로 서 있을 수 없습니다"라는 바로 그 연설을 했던 곳이다. 1865년 링컨이 암살된 후 인근의 오크리지 묘지에 안장된 역사적인 곳이기도 하다.

오바마는 "워싱턴의 냉소주의와 부패, 편협한 정치의 종말을 고하고 세대교체의 기수가 되겠다"고 선언했다. 또 그는 "링컨이 가졌던 공통의 희망과 꿈이 여전히 살아 있는 옛 청사 앞에서 출마를 선언하는 이유는 보다 희망찬 미국을 건설하기 위한 것"이라고 포부를 밝혔다.

당시 민주당 경선에서 오바마가 이길 것이라고 생각한 사람은 아무도 없었다. 오바마는 겨우 초선 상원의원이었고 경쟁자인 힐러리 클린턴에 비하면 당내 기반이 형편없이 빈약했을 뿐 아니라 대선 준비도 늦게 시작했기 때문이다. 그러나 오바마는 무서운 저력을 드러내며 2008년 6월 경선에서 힐러리를 극적으로 이기고, 11월 본선에서 매케인 공화당 후보에게 승리하여 미국 44대 대통령에 당선되었다. 2008년의 미국 대통령 선거는 오바마를 〈애드버타이징 에이지〉(*Advertising Age's*)가 올해의 마케터로 뽑았을 정도로 대선 사상 최대의 마케팅 전쟁이었다.

수석전략가 데이비드 액셜로드의 헌신

연방 상원의원으로서의 경력이 일천하고, 외교 경험도 전무하며, 전국적인 선거 캠페인이라고는 해 본 적도 없는 오바마가 승리한 것은 전적으로 오바마 캠프의 뛰어난 마케팅 전략에 기인한다. 오바마의 승리는 유권자 분석 능력, 그것에 기반을 둔 유권자 세분화와 차별화된 이미지 포지셔닝 등 마케팅 전략의 승리였다. 마케팅 전략의 구사에 따라 상황을 역전시킬 수 있다는 점을 보여준 훌륭한 캠페인 사례가 아닐 수 없다.

오바마의 압도적인 승리는 수석전략가 데이비드 액셜로드(David Axelrod)의 역할에 힘입은 바 크다. 액셜로드는 오바마 선거운동의 핵심이었던 마케팅 전략을 수립하는 데 기여했다. 미국의 많은 정치 평론가들은 지금까지도 오바마의 2008년 선거운동을 사상최고로 꼽는 데 주저하지 않는다. 최고의 승리를 위해 정점에 있는 일류 전략가를 캠프에 합류시키고 최대한 활용하는 것도 후보의 능력이다.

오바마가 대통령이 되기까지의 역정을 돌아보면 그의 인생은 한 치의 오차도 용납하지 않는 치밀한 계획과 그것을 이루기 위한 혼신의 노력으로 가득하다는 것을 직감할 수 있다.

그는 케냐 출신 흑인 아버지와 백인 어머니 사이에서 혼혈로 태어나 어중간한 피부색의 흑인이었기 때문에 백인들은 그를 흑인으로 생각했지만, 흑인들은 그를 완전한 흑인으로 생각하지 않는 환경에서 성장했다. 그런 이유 때문은 아니었겠지만 오바마는 캠페인에서 자신이 흑인이라는 점에 초점을 맞추지 않고, '모든 인종의 미국이 하나'임을 강조했다. 그 의미도 중요하지만 마케팅 전략으로도 최고의 슬로건이다. 오바마의 마케팅 전략에 관해서는 뒷장에서 좀 더 자세히 다루도록 한다.

인재의 기준, 신언서판과 팔징구징

우리나라를 비롯한 아시아권에도 인재를 고르는 기준은 예로부터 있었다. 신언서판(身言書判)과 팔징구징(八徵九徵)이 바로 그것인데, 지금의 시대상에 비추어 봐도 인재의 자격요건으로 부족함이 없다. 지금도 많은 사람들이 지도자의 기준을 따질 때마다 거론하는 것이므로 정치에 나설 것을 꿈꾸는 이들은 이를 참고하고 그 조건을 갖추려고 노력하면 도움이 될 것이다.

신언서판 (身言書判)

신언서판은 중국 당나라에서 관리를 뽑을 때 활용된, 인물을 선발하는 4가지 기준을 말한다. 즉, 사람을 선택하는 4가지 조건이란 뜻으로, 사람을 평가할 때 외모, 말하는 능력, 글 쓰는 솜씨, 판단력을 갖추고 있는지를 봐야 한다는 것이다. 수나라를 무너뜨리고 등장한 당나라(618~907년)는 과거제 대신 이 신언서판을 관리임용의 기준으로 삼았다.

신(身) - 신뢰가 가는 외양

당나라 역사를 기록한 신당서(新唐書) 《선거지》(選擧志)에 따르면 신(身)은 사람의 풍채와 용모를 뜻하는 말로 신분 고하 또는 재주의 유무와 상관없이, 첫눈에 풍채와 용모가 바르지 못하면 자질이 있는 인물로 평가하기 어렵다고 했다. 여기서 풍채와 용모가 꼭 인물이 잘 생기고 키가 커야 된다는 뜻은 아닐 것이다. 항상 건강관리를 잘 하면서 단정한 외모와 자세를 유지함을 의미한다.

중요한 것은 신뢰가 가는 외양을 갖추고 있는가 하는 것이다. 진실되고 정직한 인상을 풍기는가 하는 것이다. 요즘은 성형수술도 흔하게 하는 세상이지만 인위적으로 잘생기게 만들어 놓은 인상은 오히려 부정적 요인이 될 수도 있다.

얼굴은 마음의 거울〔顔之心鏡, 안지심경〕이라는 말이 있다. 정직한 사람은 대개 그 성품이 얼굴에 드러난다. 좋은 성품을 가지려고 노력하면 외양은 저절로 갖춰진다. 세계적인 디자이너 코코 샤넬 (Gabrielle Bonheur 'Coco' Chanel)은 "당신의 20대 얼굴은 자연의 선물이지만, 50대의 얼굴은 그동안 당신이 쌓은 공적입니다"라고 했다. 간디(Mahatma Gandhi)는 "진실한 얼굴은 매우 아름답다"고 했다. 간디는 진실되고 노력하는 삶을 살았고, 그러한 자취는 항상 평화로운 그의 얼굴에 그대로 드러나 있다.

평소 진실한 사람이 되려고 노력하고, 외양만큼 마음도 청결해지려고 애쓰면 신뢰가 가는 용모를 가질 수 있을 것이다. 외모는 철저한 자기관리와 인품의 산물이다.

언(言) - 소통능력

언(言)은 사람의 말솜씨를 이르는 말로 사람이 아무리 능력이 있고 지식이 많아도 이를 전달하는 말에 설득력이 없고 논리적이지 않으면 좋은 평가를 받기 어렵다는 것이다. 물론 말을 현란하게 잘하고 언변만 능숙한 사람은 경계할 필요가 있다. 정직하지 않은 사람일 수 있기 때문이다.

소통능력은 옛날에도 사람을 평가하는 중요한 기준이었지만 오늘날에도 정치지도자에게 참으로 중요한 역량이다. 중국 당나라 말기의 정치가 풍도(馮道)는 "입은 화의 문이요, 혀는 몸을 자르는 칼이다"(口是禍之門 舌是斬身刀) 라는 말을 남겼다. 그는 극도로 혼란했던 시기에 다섯 왕조를 거치며 열한 명의 군주를 무사히 모신 것으로 유명하다.

정치인은 말로 일어서기도 하고, 말 한마디 잘못해서 많은 것을 잃을 수도 있다. 지금도 그런 일은 빈번하게 일어난다. 요즘 정치인에게 말솜씨는 필수적이다. 연설능력과 토론능력은 정치인에게는 꼭 갖춰야 할 역량이 아닐 수 없다. 링컨과 오바마는 뛰어난 연설 솜씨 덕분에 단기간에 스타정치인으로 부상할 수 있었다. 두 사람은 누구나 쉽게 이해할 수 있는 쉬운 언어와 강력한 메시지로 청중의 심금을 울리고 큰 인기를 누렸다. 케네디와 레이건, 클린턴도 빼어난 연설능력과 토론능력으로 성공한 정치인이다.

우리나라에서도 김대중, 김영삼, 노무현 전 대통령은 스타일은 조금씩 다르지만 웅변에 능한 인물들이었다. 정치인은 말로 상대를 설득하고 감동시킬 수 있어야 한다. 요즈음은 유머감각도 아주 중요한 언어능력에 들어간다. 말하기 능력은 후천적인 노력에 의해서 얼마든지 갖출 수 있다.

서(書) - 인격의 대변자

서(書)는 글씨를 가리키는 말로, 예로부터 글씨는 그 사람의 인격을 대변한다고 하여 매우 중요시하였다. 그래서 인물을 평가하는 데에 글씨는 매우 큰 비중을 차지하였고 붓글씨를 잘 쓰는 사람을 높이 평가하였다. 하지만 요즘은 손 글씨를 잘 쓰지 않는 세상이다. 주로 컴퓨터로 글을 쓰니 글씨로 평가받을 일은 드물다.

지금의 서는 글씨보다는 지식의 크기, 인문학적 교양 등의 의미에 더욱 가깝다. 좋은 내용의 글을 쓸 수 있는 능력은 바로 소통능력이다. 아직도 글의 힘은 강하다. 정치인은 자신의 생각을 글로 쓸 수 있는 능력도 갖추어야 한다.

요즈음도 정치인들은 가끔 글로 평가받기도 한다. 유명 정치인이 되면 방명록에 인사말을 남기는 경우가 가끔 있는데, 그럴 때 문장력이 부족하거나 글씨가 악필이어서 구설수에 오르는 경우도 허다하다. 정치 지망생은 그런 일로 망신당하지 않을 정도의 문장력과 글씨 쓰는 능력은 갖추고 있어야 한다. 그래서 항상 학습하는 자세가 필요하다.

판(判) - 의사결정 능력

판(判) 은 사물의 시비를 가릴 수 있는 판단력을 이르는 말로 올바른 결정능력이 있는가의 기준이다. 사물의 이치를 깨닫고 처리하는 능력을 말한다. 예로부터 사람이 아무리 인물과 말솜씨가 좋고, 글에 능해도 사리를 판단하는 역량이 없으면, 그 인물됨이 출중할 수 없다고 했다.

정치인에게 위기상황의 판단능력, 물러날 때를 아는 지혜 등은 자신과 조직의 성패를 결정하는 자격요건이기도 하다. 정치지도자는 개인이나 조직이 극한 상황을 겪더라도, 올바른 판단으로 대응할 수 있는 현명하고 냉철한 지혜를 갖춰야 한다. 판단력은 경험과 지식을 필요로 하므로 끊임없는 노력이 필요하다.

신언서판(身言書判) 은 1,300년 전의 기준이기는 하나 요즘의 지도자들과 미래를 이끌어갈 젊은 세대들이 갖추어야 할 덕목으로도 전혀 부족함이 없다.

팔징구징 (八徵九徵)

팔징구징은 중국 주(周) 나라 개국공신 강태공의 저서로 알려진 《육도》(六韜) 와 도교 철학서 《장자》(莊子) 에 나오는 인재선발의 8가지 기준과 9가지 방법을 합한 말이다.

팔징(八徵) 은 《육도》의 선장(選將 : 장수를 선발함) 편에 강태공이 주나라 무왕(武王) 에게 인재 선발의 8가지 기준에 대하여 설명한 대목을 말한다.

인재 선발의 8가지 기준

1 질문을 하여 상세한 지식을 가졌는지 살핀다.
2 말로써 궁지에 몰아넣어 변화를 살핀다.
3 주변 사람에게 물어 그 성실함을 살핀다.
4 명백하고 단순한 질문으로 덕성을 살핀다.
5 재물을 다루게 하여 청렴함을 살핀다.
6 여색으로 시험하여 성정을 살핀다.
7 어려운 상황을 알려 주어 용기를 살핀다.
8 술에 취하게 하여 태도를 살핀다.

이러한 팔징을 시험해 보면 "어진 사람인지 못나고 어리석은 사람인지 구별할 수 있다"고 하였다.

구징(九徵)은 《장자》의 32번째 편인 열어구(列禦寇) 편에 인용된 '공자의 사람 보는 법 9가지'를 말한다. 공자가 말했다.

"사람의 마음이란 산천보다 복잡다단하고 자연보다 갈피를 잡기가 어렵다. 자연에는 봄, 여름, 가을, 겨울의 사계절과 아침, 저녁의 뚜렷하고 일정한 시간 변화가 있으나, 사람은 겉으로 드러나는 용모 속에 성정을 깊이 숨기고 있는 경우가 있다. 외모는 성실해 보이지만 속으로는 교만한 자가 있고, 외모는 잘생겼지만 사람됨은 못난 자가 있다. 외모는 신중해 보이지만 실제로는 경박한 자가 있고, 외모는 견실해 보이지만 속은 유약한 자가 있고, 외모는 여유로워 보이지만 마음은 급한 자가 있다. 그러므로 목마른 듯 의로움을 향해 나가던 사람이 뜨거운 것을 피하듯 의로움을 떠나기도 하는 것이다."

사람 됨됨이를 판별하는 9가지 방법

1 군자는 멀리 놓고 부리면서 충성심을 살피고,
2 가까이 놓고 부리면서 공경함을 살펴야 한다.
3 번거로운 일을 시켜 능력을 살피고,
4 갑자기 질문함으로써 지혜를 살핀다.
5 급작스럽게 약속을 함으로써 신용을 살피고,
6 재물을 맡겨봄으로써 인성을 살핀다.
7 위태로운 상황에 놓여 있다고 알려주면서 의리를 살피고,
8 술에 취하게 하여 성품을 살피며,
9 남녀가 섞여 있는 곳에 지내게 하여 호색(好色)함을 살핀다.

그리고 사람의 됨됨이를 판별하는 9가지 방법을 위와 같이 설명한다. 이 9가지를 시험해 보면 부족한 사람을 가려낼 수 있다.

팔징구징은 옛날의 기준이고 서로 중복되는 부분들도 많으나 지금의 인재선별 기준으로도 전혀 손색이 없다. 팔징구징이 제시하는 기준에 미달하거나 조건을 갖추지 못해서 공직을 내려놓는 경우가 오늘날에도 많은 것을 보면 인재를 보는 눈은 예나 지금이나 큰 차이가 없다.

모든 공직자는 국민의 세금으로 생활하는 국가의 공복이다. 따라서 공직에 나가려는 사람들은 옛 선현들의 지혜를 참고하여 목민관이 갖춰야 할 자세와 의무를 마음속에 새기고, 자신의 역량을 키워나가야 할 것이다.

꿈을 가지는 순간부터 자신을 관리하라

오늘날의 정치지도자나 고위공직자는 어떤 형태로건 인사검증 절차를 필수적으로 거치게 되어 있다. 임명직 고위공직자는 우선 청와대 민정수석실의 검증을 받고, 최고위직의 경우에는 국회나 지방의회 청문회도 거쳐야 한다.

민정수석실의 인사검증은 고위공직자 후보의 재산 및 금융거래 내역, 부동산 거래 현황, 세금, 증여 문제, 출입국 이상 징후, 성추문 등을 꼼꼼히 살핀다. 공직자 인사청문회는 위장전입이나 탈세, 논문 표절, 다운계약서 작성, 특정업무 경비, 업무추진비, 관용차의 사적 사용, 부동산 투기 여부 등은 기본으로 짚고 넘어간다.

최근에 와서 인사검증 절차는 날로 강화되고 있다. 예를 들어 문재인 정부가 내세운 7대 원칙이 있다. 병역 기피, 세금 탈루, 불법적 재산증식, 위장전입, 연구 부정행위, 음주운전, 성 관련 범죄 등 7개 사안의 해당자는 발탁하지 않겠다는 게 초기방침이었다. 청문회에 등장하는 단골메뉴인 위장전입의 경우, '인사 청문제도가 장관급까지 확대된 2005년 7월 이후 부동산 투기, 자녀 학교 배정 등의 목적으로 2회 이상 행한 경우 임용에서 배제한다'는 엄격한 기준이

제시되어 있다.

'인사청문회법'은 김대중 정부 시절인 2000년 6월 16대 국회에서 제정되었다. 당시에는 국무총리, 감사원장, 대법원장 및 대법관, 헌법재판소장이 대상이었다. 그 후 인사청문회의 대상은 계속 확대 되었다. 2003년 2월에는 국가정보원장, 검찰총장, 국세청장, 경찰 청장을 인사 청문대상에 포함시키는 개정안이 통과되었고, 2005년 7월 개정된 인사청문회법은 그 대상을 모든 국무위원과 헌법재판소 재판관(국회 선출을 제외한 6명), 중앙선거관리위원회 위원(국회 선출을 제외한 6명)까지로 넓혔다. 지금은 방송통신위원장, 공정거래위 원장, 금융위원장, 국가인권위원장, 합동참모의장, 한국은행 총 재, 특별감찰관, 고위공직자범죄수사처장, 한국방송공사(KBS) 사 장 등도 인사청문회 대상이다.

이들 중 대법원장, 헌법재판소장, 국무총리, 감사원장, 대법관, 국회에서 선출하는 헌법재판소 재판관 3명, 국회에서 선출하는 중 앙선거관리위원회 위원 3명은 청문회 후 국회 표결을 필수적으로 거 쳐야 하는 인사청문특별위원회 대상이다. 나머지 대상자들은 청문 회 이후 국회 표결이 필요 없다. 다만 이들 공직후보자들은 국회 소 관 상임위원회가 진행하는 청문회에 참석해야 한다. 상임위원회는 이후에 후보자 관련 공직 적격 여부에 대한 보고서를 만들지만, 대 통령이 이를 법적으로 따라야 할 의무는 없다. 그러나 최근에 와서 여론의 집중포화를 맞아 청문회 전후에 자진사퇴하는 경우도 비일 비재하다.

선출직 공직자는 선거과정에서 언론과 여론의 혹독한 검증과정을 거쳐야 한다. 국회의원 후보는 학력, 경력, 재산, 병역, 납세실적, 전과기록 등을 신고해야 한다. 광역단체장과 기초단체장, 도의원, 기초의원들도 예외 없이 신고가 필수이다. 당선된 후에도 검증의 눈길은 사라지지 않는다. 각 정당들도 자체적으로 공직선거후보자 검증위원회를 꾸려 각종 비리 연루자를 걸러내겠다는 의지를 밝히고 있다.

최근에는 국회의원들이 부동산 투기 혐의를 받아 소속정당에서 탈당, 출당 권고가 내려지는 광경도 목격할 정도이다. 이제는 공식적인 검증이 문제가 아니라 국민의 의식수준이 높아지고, 대다수 국민이 스마트폰을 소지하고 다니는 세상이 되었다. 다시 말하면 카메라와 녹음기를 누구나 갖고 다니는 시절이다. 국민들의 고발정신도 어느 때보다 고양되어 있다. 정치에 나서려는 사람들의 준법정신과 도덕수준 및 윤리의식도 그만큼 높아져야 할 때이다.

이제 정치에 뜻을 두는 사람들은 그 순간부터 자기관리에 만전을 기해야 한다. 그동안 많은 논란이 되어온 인사검증 부실문제는 과도기의 현상이었다고 할 수 있다. 요즈음 많은 고위공직 후보자들이 인사검증 과정에서 어려움을 겪는 것은 그들의 성장과정에는 그런 제도가 없었기 때문이다. 지금의 잣대를 통과할 준비가 전혀 되지 않았기 때문이다. 요즈음 청문회에 등장하는 고위공직 후보자들에게 '위장전입이나 다운계약서 작성은 기본'이라는 우스갯소리가 다 있을 정도이다. 그런 문제에 대한 대개 후보자들의 답변은 '당시의 관행'이었다고 한다.

오래전 인사청문회가 생긴 초창기에 어느 장관 후보자가 답변과정에서 "제가 이런 자리에 설 줄 일찍이 알았더라면 좀 관리를 하고 살았을 텐데, 그러지 못한 점 대단히 송구스럽게 생각합니다" 라는 취지의 답변을 한 일이 있었다. 당시 그 후보자는 그 발언 이후 무사히 청문회를 통과했다. 그 말에 대해 그 자리에 있었던 대부분의 사람들이 공감했기 때문이라고 생각한다. 또 많은 경우 "성직자같이 살지는 못했습니다" 라는 답변도 듣게 된다. 이런 부류의 답변에 대해서도 많은 사람들이 동조한다. 자신들도 입장이 같기 때문이다.

그러나 이제는 세상이 달라졌다. 정치나 고위공직에 나갈 것을 인생의 목표로 삼았다면 그때부터 철저한 자기관리에 들어가야 그 꿈을 이룰 수 있다. 자기관리는 목표달성을 위한 충분조건은 아니지만 최소한의 필요조건이다.

토머스 제퍼슨의 자기관리 10계명

토머스 제퍼슨(Thomas Jefferson)은 미국의 3대 대통령을 지냈으며 미국 독립선언서(1776년)를 기초한 인물이다. 그는 미국 건국의 아버지로 불리며, 역대 대통령 중 존경받는 대통령의 한 사람이다. 제퍼슨은 1809년 대통령에서 물러난 후 생애 대부분을 보낸 버지니아의 몬티첼로에 돌아가 버지니아대학을 설립하였다. 그는 철학, 법학, 자연과학, 건축학, 농학, 언어학 등 다양한 분야에 해박한 지식을 가졌으며 바이올린 연주에 능숙하고 프랑스어, 그리스어 등 수개 국어를 자유롭게 구사한 천재였다. 제퍼슨은 '버지니아대학의 아버지', '몬티첼로의 성인'으로 불리며 러시모어산의 큰 바위 얼굴에도 자취를 남겼다.

그는 평소 자기 자식이나 주변의 젊은이들에게 교훈이 되는 말을 많이 남겼는데 지금까지도 여러 가지 버전으로 정리되어 많은 사람들의 입에 오르내리고 있다. 그중에서도 유명한 것이 '자기관리에 관한 10계명'인데 오늘날에도 교훈으로 삼을 만한 내용이다.

특히 그가 대통령, 부통령, 국무장관, 재무장관, 하원의원, 버지니아 주지사, 프랑스대사 등을 역임하고 수많은 업적을 남긴 성공적

자기관리에 관한 10계명

1 오늘 할 수 있는 일을 내일로 미루지 말라.
2 스스로 할 수 있는 일로 다른 사람에게 폐를 끼치지 말라.
3 소유하고 있는 만큼의 돈만 지출하라.
4 값이 싸다는 이유로 원하지도 않는 물건을 구입하지 말라.
5 자존심은 허기, 갈증, 추위보다도 많은 대가를 요구한다.
6 적게 먹는 습관을 길러라.
7 좋아하는 일을 하고 살아라.
8 쓸데없는 걱정은 하지 말고 살아라.
9 일하면서 무리수를 두지 마라.
10 화가 치밀 때는 열까지 센 다음 말하라.
   분노가 폭발할 것 같을 때는 백까지 세고 말하라.

인 정치가였다는 점에서, 공직의 꿈을 갖고 있는 사람들에게는 본받고, 가슴에 새겨둘 만한 가르침이 아닐 수 없다.

대개 평범하고 일상적인 생활교훈이다. 그러나 소식으로 건강을 지킨다든지, 낙천적으로 하고 싶은 일을 하면서 남에게 신세 지지 않고 산다든지 하는 것은 공직자에게는 꼭 필요한 생활습관이다. 특히 남의 것을 탐하지 말라든가, 물욕을 갖지 말라는 돈에 관한 교훈은 정치자금을 다루어야 하는 정치인에게는 좌우명으로 삼아야 할 가르침이다. 공직자에게 가장 중요한 덕목은 '청렴'이다.

마음의 스승을 가슴에 품어라

스스로 자신을 관리하는 것이 결코 쉬운 일은 아니다. 그러나 롤 모델을 가슴에 품고 살면 크게 도움을 받을 수 있다. 존경하는 마음의 스승을 모시고 그런 이의 행적과 가르침을 따르는 것이다. 하버드대학 정치학 교수를 역임한 도리스 굿윈(Doris Goodwin)은 그녀의 저서 《혼돈의 시대 리더의 탄생》에서 롤 모델의 중요성을 설파했다.

존슨 대통령의 보좌관을 역임한 그녀는 "린든 존슨(Lyndon B. Johnson)은 프랭클린 루스벨트(Franklin D. Roosevelt)를 정치적 스승으로 생각하며 의회에 입성했다. 대통령 집무실 책상 맞은편에 '정치적 아버지'의 초상화를 걸어두고, '위대한 사회'로 루스벨트의 뉴딜을 능가하는 결과를 남기겠다고 다짐했다"고 했다.

그 외에도 프랭클린 루스벨트는 자신의 친척이기도 한 시오도어 루스벨트(Theodore Roosevelt)를 롤 모델로 생각했으며, 시오도어 루스벨트는 에이브러햄 링컨(Abraham Lincoln)을 영웅으로, 링컨은 조지 워싱턴(George Washington)을 이상적인 리더로 흠모하며 따랐다는 것이다. 앞에서 언급하였듯이 오바마 역시 링컨을 스승으로 삼고 그의 길을 따라 걸었다.

이들은 모두 자신의 정신적 멘토로부터 힘을 얻었고, 그들을 따르려고 애썼다. 그 결과 그들은 모두 훌륭한 업적을 남겼다. 자신이 존경하고 배우고 싶은 롤 모델은 공직을 꿈꾸는 사람에게 미래를 보여주는 나침반과 같은 역할을 할 것이다. 다시 한 번 강조하지만 지도자는 태어나는 것이 아니라 만들어지는 것이다.

>>>>>>➡

개인 수양의 최고 경지, 신독

옛 선현들도 엄격한 자기수양과 관리를 매우 중요하게 생각했다. 심지어 남들이 지켜보지 않고, 남들이 들을 수 없는 곳에서도 스스로 언행을 조심하라고 했다. 혼자 있을 때에도 도리에 어긋나지 않도록 몸가짐을 바로 하고 말을 함부로 하지 말라는 의미이다.

그런 경지에 오른 상태를 '신독'(愼獨)이라 하고 개인 수양의 최고 경지로 생각했다. "홀로 걸을 때에는 그림자에 부끄럽지 않아야 하고, 홀로 잠잘 때에도 이불에 부끄럽지 않아야 한다"(獨行不愧影 獨寢不愧衾, 독행불괴영 독침불괴금)는 경구도 있다.

조선 초기의 조광조는 임금에게도 신독을 지키라 했다고 하는데, 훗날 정조는 신독 공부의 중요성을 강조한 바 있다. 퇴계 이황과 이순신 장군, 다산 정약용, 우암 송시열 등도 신독을 생활의 실천덕목으로 삼았다.

시인 윤동주가 "죽는 날까지 하늘을 우러러 한 점 부끄럼이 없기를 잎새에 이는 바람에도 나는 괴로워했다. …"라고 노래한 〈서시〉(序詩)도 같은 맥락에서 진정한 자기성찰의 산물이라고 할 수 있을 것이다.

철저한 자기관리는 국민과 국가에 봉사하는 공직자의 기본자세가 아닐 수 없다. 공직에 나가려는 사람은 자신에게 엄격하고, 끊임없이 학습하여 나라를 이끌 자질을 갖추어야 한다. 4차 산업혁명으로 변화할 미래사회의 공직자에게 요구되는 덕목은 더욱 많아질 것이기 때문이다.

3장

당신은 공직에 도전할 자격과 역량을 갖추었는가?

그대는 나라를 사랑하는가? 그러면 먼저
그대가 건전한 인격이 되라. 우리 중에
인물이 없는 것은 인물이 되려고
마음먹고 힘쓰는 사람이
없는 까닭이다.

도산 안창호

당신은 이제 선출직 공직에 진출하는 것을 인생의 목표로 정했다. 그렇다면 당신은 자신의 입신을 위해서도 당연히 그러하지만, 나아가서 나라의 성공을 위해서도 그 일을 담당하여 성공적으로 수행할 수 있는 자격과 역량을 갖추고 있어야 한다. 의욕과 야심만 앞서고 능력은 갖추지 못한 채 공직에 진출한다면 자신은 물론 속한 조직, 나아가서 국가에까지 큰 폐해를 끼치게 될 것이다. 우리 국민은 자격과 역량을 갖추지 못한 공직자들이 나라에 부담과 해를 끼치는 경우를 수도 없이 보아왔다.

이제 당신은 가슴에 손을 얹고 자신의 조건에 대해 냉철하고 진지하게 생각해 봐야 한다. 자격이 아예 없다면 일찍이 포기해야겠지만 노력으로 보완할 수 있는 역량이라면 지금부터라도 그 조건을 갖추기 위해 노력해야 할 것이다.

공직에 나서려는 사람은 우선 자격요건을 갖추어야 한다. 자격은 공직자가 되기 위한 최소한의 조건이다. 우선 법적인 자격을 갖추고, 동시에 도덕적 자격도 갖추어야 한다. 요즈음 공직자들이 각종 비리와 성추행 같은 지저분한 사건에 연루되어 직위를 지키지 못하는 사례가 허다한 것을 보면 지도자의 도덕적 품격은 점점 더 중요한 자격요건이 될 것이다.

법적 자격요건

공직선거에 나가려는 사람은 우선 법적으로 하자가 없어야 한다. 참고로 관련 법규를 인용한다.

피선거권에 관한 법규

공직선거법 중 피선거권에 관련된 내용은 다음과 같다.

제16조 (피선거권)

① 선거일 현재 5년 이상 국내에 거주하고 있는 40세 이상의 국민은 대통령의 피선거권이 있다. 이 경우 공무로 외국에 파견된 기간과 국내에 주소를 두고 일정기간 외국에 체류한 기간은 국내거주기간으로 본다. 〈개정 1997. 1. 13.〉

② 25세 이상의 국민은 국회의원의 피선거권이 있다.

③ 선거일 현재 계속하여 60일 이상(공무로 외국에 파견되어 선거일 전 60일 후에 귀국한 자는 선거인명부 작성기준일부터 계속하여 선거일까지) 해당 지방자치단체의 관할구역에 주민등록이 되어 있는 주민으로서 25세 이상의 국민은 그 지방의회의원 및 지방자치단체의 장의 피선거권이 있다. 이 경우 60일의 기간은 그 지방자치단체의 설치·폐지·분할·합병 또는 구역변경(제28조 각 호의 어느 하나에 따른

당신은 공직에 도전할 자격과 역량을 갖추었는가? **73**

구역변경을 포함한다)에 의하여 중단되지 아니한다. 〈개정 1998. 4.30., 2009. 2.12., 2015. 8.13.〉

④ 제3항 전단의 경우에 지방자치단체의 사무소 소재지가 다른 지방자치단체의 관할 구역에 있어 해당 지방자치단체의 장의 주민등록이 다른 지방자치단체의 관할 구역에 있게 된 때에는 해당 지방자치단체의 관할 구역에 주민등록이 되어 있는 것으로 본다. 〈개정 2009. 2.12.〉

[제목개정 2015. 8.13.]

[2009. 2.12. 법률 제9466호에 의하여 2007. 6.28. 헌법재판소에서 헌법불합치결정된 이 조 제3항을 개정함.]

제17조 (연령산정기준)

선거권자와 피선거권자의 연령은 선거일 현재로 산정한다.

제19조 (피선거권이 없는 자)

선거일 현재 다음 각 호의 어느 하나에 해당하는 자는 피선거권이 없다. 〈개정 2013.12.30., 2014. 2.13.〉

1. 제18조(선거권이 없는 자) 제1항 제1호 · 제3호 또는 제4호에 해당하는 자
2. 금고 이상의 형의 선고를 받고 그 형이 실효되지 아니한 자
3. 법원의 판결 또는 다른 법률에 의하여 피선거권이 정지되거나 상실된 자
4. 국회법 제166조(국회 회의 방해죄)의 죄를 범한 자로서 다음 각 목의 어느 하나에 해당하는 자(형이 실효된 자를 포함한다)

   가. 500만 원 이상의 벌금형의 선고를 받고 그 형이 확정된 후 5년이 경과되지 아니한 자

   나. 형의 집행유예의 선고를 받고 그 형이 확정된 후 10년이 경과되지 아니한 자

다. 징역형의 선고를 받고 그 집행을 받지 아니하기로 확정된 후 또는 그 형의 집
행이 종료되거나 면제된 후 10년이 경과되지 아니한 자

5. 제230조 제6항의 죄를 범한 자로서 벌금형의 선고를 받고 그 형이 확정된 후 10
년을 경과하지 아니한 자(형이 실효된 자도 포함한다)

등록무효에 관한 법규

공직선거법 중 등록무효에 관련된 내용은 다음과 같다.

제52조 (등록무효)

① 후보자등록 후에 다음 각 호의 어느 하나에 해당하는 사유가 있는 때에는 그 후보
자의 등록은 무효로 한다. 〈개정 1998. 4.30., 2000. 2.16., 2002. 3. 7., 2004.
3.12., 2005. 8. 4., 2006.10. 4., 2010. 1.25., 2014. 1.17., 2015. 8.13., 2018.
4. 6.〉

1. 후보자의 피선거권이 없는 것이 발견된 때

2. 제47조(정당의 후보자추천) 제1항 본문의 규정에 위반하여 선거구별로 선거할
정수범위를 넘어 추천하거나, 같은 조 제3항에 따른 여성후보자 추천의 비율과
순위를 위반하거나, 제48조(선거권자의 후보자추천) 제2항의 규정에 의한 추천
인수에 미달한 것이 발견된 때

3. 제49조 제4항 제2호부터 제5호까지의 규정에 따른 서류를 제출하지 아니한 것
이 발견된 때

4. 제49조 제6항의 규정에 위반하여 등록된 것이 발견된 때

5. 제53조 제1항부터 제3항까지 또는 제5항을 위반하여 등록된 것이 발견된 때

6. 정당추천후보자가 당적을 이탈·변경하거나 2 이상의 당적을 가지고 있는 때(후

보자등록 신청시에 2 이상의 당적을 가진 경우를 포함한다), 소속정당의 해산이
나 그 등록의 취소 또는 중앙당의 시 · 도당창당 승인취소가 있는 때

7. 무소속후보자가 정당의 당원이 된 때

8. 제57조의2 제2항 또는 제266조 제2항 · 제3항을 위반하여 등록된 것이 발견된 때

9. 정당이 그 소속 당원이 아닌 사람이나 정당법 제22조에 따라 당원이 될 수 없는
   사람을 추천한 것이 발견된 때

10. 다른 법률에 따라 공무담임이 제한되는 사람이나 후보자가 될 수 없는 사람에 해
    당하는 것이 발견된 때

11. 정당 또는 후보자가 정당한 사유 없이 제65조 제9항을 위반하여 후보자 정보공
    개자료를 제출하지 아니한 것이 발견된 때

② 제47조 제5항을 위반하여 등록된 것이 발견된 때에는 그 정당이 추천한 해당 국
회의원지역구의 지역구시 · 도의원후보자 및 지역구자치구 · 시 · 군의원 후보
자의 등록은 모두 무효로 한다. 다만, 제47조 제5항에 따라 여성후보자를 추천하
여야 하는 지역에서 해당 정당이 추천한 지역구시 · 도의원 후보자의 수와 지역
구자치구 · 시 · 군의원 후보자의 수를 합한 수가 그 지역구시 · 도의원 정수와 지
역구자치구 · 시 · 군의원 정수를 합한 수의 100분의 50에 해당하는 수(1 미만의
단수는 1로 본다)에 미달하는 경우와 그 여성후보자의 등록이 무효로 된 경우에
는 그러하지 아니하다. 〈신설 2010. 3.12. 〉

③ 후보자가 같은 선거의 다른 선거구나 다른 선거의 후보자로 등록된 때에는 그 등
록은 모두 무효로 한다. 〈개정 2000. 2.16., 2010. 3.12. 〉

④ 후보자의 등록이 무효로 된 때에는 관할선거구 선거관리위원회는 지체없이 그
후보자와 그를 추천한 정당에 등록무효의 사유를 명시하여 이를 통지하여야 한
다. 〈개정 2010. 3.12., 2020. 1.14., 2020.12.29. 〉

[제목개정 2015. 8.13.]

>>>>————————————————→

도덕적 자격요건

도덕적 자격이 점점 더 중요해지는 시대가 되었다. 도덕적, 윤리적 일탈로 인해 패가망신하는 고위공직자들이 늘어나고 있다. 도덕적 문제로 시작된 일이 법적 절차로 마무리되는 경우도 많다. 그런 경우 법적 처벌도 받지만 사회적 신망도 잃게 되어 두 마리 토끼를 다 놓치는 안타까운 경우가 된다. 고위공직자 또는 정치지도자가 되겠다는 사람은 당연히 법적으로 책임져야 할 문제를 일으키지 않아야 겠지만, 그 이전에 사회 지도층으로서 도덕적 의무와 사회적 책무를 다해야 할 것이다. 그것이 바로 노블레스 오블리주의 정신이다.

노블레스 오블리주의 정신

프랑스어인 노블레스 오블리주(*noblesse oblige*)는 본래 높은 사회적 신분에 따르는 도덕적 의무를 뜻했다. 고대 그리스와 로마의 귀족들은 신분에 따르는 많은 특권을 누릴 수 있었는데, 그 대신 전쟁이 나면 가장 앞서 나가 목숨을 바쳐가며 싸웠다고 한다. 또 그들은 나라에 어려운 일이 생기면 재산을 서슴지 않고 헌납하는 전통이 있었다고 한다. 그랬기 때문에 시민들은 귀족들이 평상시에 누리는 특권을 용인했다는 것이다.

귀족이라는 신분이 없어지거나 유명무실해진 지금은, 그 자리를 부나 권력 또는 명예를 갖고 있는 사회지도층이 메꾸고 있다. 이제 노블레스 오블리주는 사회지도층의 책무인 것이다.

정치지도자나 고위공직자는 법적으로 하자가 없는 일이라 할지라도 도덕적으로 떳떳하지 않은 일은 결코 해서는 안 된다. 독일의 법학자 게오르크 옐리네크(Georg Jellinek)는 '법은 최소한의 도덕'이라고 했다. 철학자 칸트(Immanuel Kant)는 "진정한 정치는 먼저 도덕에 경의를 표하고 나서야 전진할 수 있다"는 말로 도덕적 정치를 강조한 바 있다. 이렇듯 도덕은 법에 명문화되어 있지 않더라도 사회지도층이 지켜야 할 양심의 기준이다.

몇 해 전 병역을 면제받은 고위공직자 가운데 아들도 군에 보내지 않은 사람이 상당수에 이른다는 보도가 국민을 허탈하게 한 적이 있었다. 놀라운 것은 그들 중 1명은 아들 3명이 모두 병역면제자이고, 4명은 아들 2명이 병역을 면제받았더라는 것이다. 그런 고위공직자의 명단에는 국회의원, 부장판사, 검사장, 외교관, 교육장, 대학총장 등이 포함되어 있었다. 병역면제를 모두 병역기피와 결부할 수는 없겠지만 이런 식의 병역면제 대물림은 성실하게 국방의 의무를 다하는 일반 국민들을 무력감에 빠지게 한다.

매케인의 명예와 고결함

미국의 공화당 대통령 후보였던 존 매케인(John McCain)은 베트남전에 참전했던 전쟁영웅이었다. 매케인은 해군 소속 전투기 조종사로 참전했는데, 1967년 어느 날 작전 중 그가 조종하던 폭격기가 공산군의 미사일에 격추당하여 부상을 입고 포로가 되었다. 그는 포로수용소에서 5년 6개월 동안 고난의 세월을 보냈다. 그 무렵 그의 아버지 잭 매케인(John 'Jack' McCain) 제독이 태평양사령관이라는 사실을 인지한 베트콩 측이 협상 목적으로 조기 석방을 제안하였다(매케인의 아버지와 할아버지는 모두 미국 해군의 4성 제독을 역임했다).

그러나 매케인은 "먼저 들어온 사람이 먼저 나간다"는 군인 수칙대로 자신보다 먼저 잡힌 포로들이 모두 풀려날 때까지 나갈 수 없다며 일언지하에 그 제안을 거절하였다. 훗날 매케인의 장례식에서 전 국무장관 헨리 키신저(Henry Kissinger)는 "명예와 고결함은 매케인의 삶의 방식이었다. 그는 개인적 야망이 아니라 대의명분을 위해 치열하게 싸운 전사였다. 그는 도덕적 의무에 대한 본능적인 감각을 가졌다"고 고인을 추모했다. 그런 것이 진정한 노블레스 오블리주의 실천이 아닐까.

공직자는 맡은 업무를 제대로 수행할 수 있는 능력과 함께 공공의 이익을 실현하는 데 필요한 도덕성을 갖춘 인물이어야 한다. 독일의 사회사상가 막스 베버(Max Weber)는 일찍이 "소명으로서의 정치"(소명을 '직업'으로 번역하기도 한다)라는 강연에서 정치가가 갖춰야 할 도덕성을 강조한 바 있다. 그는 정치가는 '신념윤리'와 '책임윤리'를 다 갖춰야 한다고 했다. 신념윤리는 선과 악의 구별에서 도덕적 선을 선택하고 행동하는 태도이고, 책임윤리는 정치적 결정의 결과에 대해 무한책임을 지는 자세라고 설명하였다.

우리의 공직자후보 검증과정에는 으레 위장전입, 재산신고 누락, 부동산 투기, 논문 표절, 병역기피 의혹, 자녀 군복무 문제, 자녀 이중국적 문제 등이 단골메뉴로 등장한다. 그러면 대개 법적으로 문제가 없다거나, 과거에는 관행이었다는 답이 되돌아온다. 국민의 신뢰를 생명처럼 여겨야 할 공직후보자에게서 이제는 국민을 허탈하게 하는 그런 식의 답변이 더 이상 나와서는 안 될 것이다.

고위공직자는 업무수행 능력은 물론, 국가와 국민을 위해 공정하고 투명하게 업무를 처리하는 데 필요한 청렴함, 정직성, 애국심, 준법정신 등과 같은 도덕성도 마땅히 갖추어야 한다.

다산 정약용의 공렴정신

다산(茶山) 정약용(丁若鏞)은 목민관, 즉 공직자의 기본 정신은 '공렴'(公廉)이라고 강조했다. 공렴은 공정과 청렴이라는 뜻인데, 다산 자신도 그 두 글자를 가슴에 안고 평생 고민하고 실천하며 살았다. 그는 28세 되던 1789년 문과에 급제한 후, 시를 지어 공직자로 살아가야 할 자신의 좌우명으로 삼았다.

鈍拙難充使(둔졸난충사)　　둔하고 졸렬해 임무수행이 어렵겠지만
公廉願效誠(공렴원효성)　　공정과 청렴으로 정성을 바치길 원한다

　다산의 역작 《목민심서》를 관통하는 철학 또한 공렴이다. 그는 공렴에 따라 법과 제도를 집행하면 세상이 맑아질 것이라고 생각했다. 그가 꿈꾸던 이상국가도 공정하고 공평한 세상, 청렴한 나라였다. 요즘 식으로 말하자면 특권이 판치지 않는 세상, 부정부패가 없는 깨끗한 나라이다.

　다산은 청렴에 대해 "백성을 사랑하는 근본은 아껴 쓰는 데 있고, 아껴 쓰는 근본은 검소하게 말하는 데 있다. 검소한 연후에나 능히 청렴할 수 있고, 청렴한 연후에나 능히 자애로울 수 있으니, 검소한 자가 되는 그 자체가 백성을 다스리는 수장의 의무다"라고 설파했다. 공직자의 도덕성에 대한 국민의 기대수준이 날로 높아지고 있는 지금, 목민관을 꿈꾸는 사람들은 다산의 공렴을 가슴에 새기고 실천해야 할 것이다.

정치지도자의 자질

정치지도자 또는 고위공직자에게는 지도자의 자질과 지도력이 필요하다. 마키아벨리는 통치자의 조건으로 역량(*virtù*), 운명(*fortuna*), 기회(*occasione*), 시대적 필연성(*necessità*), 상황 적응력(*qualità dei tempi*) 등 5가지를 제시했다. 시대상황은 달라도 지도자에 필요한 자질 중 역량을 첫 번째로 꼽은 것이다.

막스 베버는 정치가에게 필요한 3가지 자질로 열정, 책임감과 균형적 판단(균형감각)을 꼽았다. 여기서 열정은 현실에 대한 정열적 헌신을 말한다. 그러나 그는 "단지 열정을 가진 것만으로는 그것이 제 아무리 순수하더라도 정치가가 되기에 충분하지 않다. 결과에 대한 책임감과 한쪽으로 치우치지 않는 균형적 판단이 필요하다"고 강조했다. 균형적 판단은 내적 침착과 평정에 의해서 현실의 작용을 받아들이는 능력이다. 이는 사물과 인간에 대해 거리를 두고 상황을 객관화할 수 있는 능력을 말한다.

현대에 와서 리더십의 대가 버나드 배스(Bernard Bass)는 "지도자란 책임과 과업의 완수에 대한 강한 동기, 목표를 추구하는 맹렬함과 끈질김, 문제해결에 대한 모험심과 창의성, 자신감, 결과에 대한 승복, 스트레스, 절망, 지체에 대한 인내심으로 특징지어진다"고 설파했다.

대통령 연구의 세계적인 권위자인 프레드 그린슈타인(Fred I. Greenstein) 프린스턴대학 교수는 그의 저서 《위대한 대통령은 무엇이 다른가》(*The Presidential Difference*)에서 루스벨트부터 클린턴까지 11명의 리더십을 분석하였다. 그는 위대한 대통령이 갖추어야 할 리더십의 5가지 요소로 감성지능, 의사소통 능력, 정치력, 통찰력, 인식 능력을 꼽았다.

감성지능은 감정에 지배당하지 않고 생산적 방향으로 자기를 관리하는 역량을 말하고, 의사소통은 대중과의 능률적인 소통능력을 뜻한다. 정치력은 대인관계를 바탕으로 하는 협상 능력 또는 직무수행 능력이고, 통찰력은 사안의 본질을 한쪽으로 치우치지 않고 꿰뚫어 보는 역량이다. 인식 능력은 주위의 조언과 정보를 인지하고 처리하는 능력을 의미한다.

이렇듯 많은 조건을 갖추어야 지도자로 성공할 수 있다. 보다 세부적인 수준으로 내려가면 이보다 훨씬 많은 지식과 역량이 요구될 것이다. 지도자에게 필요한 업무능력은 직위의 고하, 일의 경중에 따라 달라질 수 있다. 다시 말해서 대통령이 갖추어야 할 자질과 국회의원의 자질, 지방자치단체장과 지방의회 의원에게 요구되는 역량 또한 다를 것이다. 그러나 기본적으로 나라의 공복으로서 국민을 위해 일한다는 입장에서 요구되는 소양은 다를 수 없다.

이 책에서는 그러한 기본적이고 공통된 업무역량에 대해서만 논하겠다. 그리고 천부적인 재질보다는 노력으로 얻거나 개선할 수 있는 역량 중심으로 논의하고자 한다. 우선 이 시대 대한민국의 정치지도자가 당면한 과제와 갖추어야 할 역량을 한번 나열해 보자. 그런 다음 그러한 능력을 갖추기 위해 노력할 방법을 모색해 보자.

훌륭한 리더는 나라의 미래에 대한 비전을 제시할 수 있어야 하고, 그 비전을 명확하게 전달해서 국민은 물론 함께 일하는 사람들의 행동을 유발해야 한다. 조직행동 분야의 대가 존 코터(John P. Kotter) 하버드대학 석좌교수는 리더십을 "비전과 전략을 개발하고 전략의 실행과 비전의 실현을 위해 적합한 사람들을 배치하여 그들 각자에게 권한과 책임을 위임하는 활동"이라고 정의했다. 존 코터는 리더가 해야 할 일을 변화의 방향 설정, 인력 화합, 동기 부여라는 3가지 활동으로 집약하여 설명한다.

이탈리아의 사회심리학자 프란체스코 알베로니(Francesco Alberoni)도 자신의 역저 《지도자의 조건》(*L'arte del Comando*)에서 "지도자가 원대한 꿈이 없고, 계속 새로운 문제를 해결하지 못하고, 새로운 것을 창안하지 못한다면 어떤 조직도 유지될 수 없다. 지도자는 목표와 가치를 제시하는 교육자이면서 동시에 선동가여야 한다"고 그 역할을 설파했다. 현대 경영학의 구루이자 사회생태학자인 피터 드러커(Peter Drucker)도 대통령이 갖추어야 할 덕목을 논하면서 "뚜렷한 비전과 든든한 목표"를 첫 번째로 꼽은 바 있다. 그만큼 비전제시 능력은 정치지도자에게 필수불가결의 역량이다.

지금 우리 사회를 이끌 지도자가 제시해야 할 비전에는 미래에 대한 청사진은 물론, 국민을 짓누르는 양극화 문제와 청년들을 분노하게 하는 부동산 가격 폭등, 일자리 부족 등에 관한 구체적인 해결방안이 포함되어야 할 것이다. 그러자면 지도자가 되려는 사람은 다양한 분야에 폭넓은 지식을 갖추어야 한다. 깊이 있는 지식은 해당 분야의 전문가에게 자문하거나 그를 기용하면 되겠지만, 최소한 그런 전문가를 평가할 수 있는 안목은 갖추고 있어야 한다.

인사가 만사를 좌우한다

'인사가 만사'라는 말은 우리나라 정치에서도 이미 수없이 회자된 말이다. 그러나 그렇게 만사를 좌지우지하는 인사를 제대로 해서 성공한 지도자를 찾아보기 힘든 것도 우리의 현실이다. 유능한 인재를 등용할 줄 아는 지도자라야 성공한다. 26대 미국 대통령 시어도어 루스벨트(Theodore Roosevelt)는 "가장 유능한 리더는 하고자 하는 바를 수행하는 뛰어난 자질의 사람들을 발굴하여 옆에 둘 수 있는 탁월한 감각을 지닌 사람"이라고 했다.

중국 삼국시대에 위(魏)나라에서 고위관리로 활약한 유소(劉邵)는 인재학 전문서라 할 수 있는 《인물지》(人物志)를 저술하였다. 그는 책머리에 "무릇 성현이 아름답게 여겨지는 까닭 가운데 총명함보다 나은 것이 없으며, 총명이 귀하게 여겨지는 이유 중에 인물을 잘 식별하는 능력보다 앞서는 것이 없다"(夫聖賢之所美 莫美於聰明, 聰明之所貴 莫貴於知人)는 말을 남겼다. 지도자에게는 사람을 잘 기용할 줄 아는 것이 가장 중요한 능력이라는 것이다.

세계적인 경영석학 짐 콜린스(James C. 'Jim' Collins)는 자신의 명저 《좋은 기업을 넘어 위대한 기업으로》(Good to Great)에서 "위대한 리더는 '무엇'보다 '누구'를 먼저 생각한다. 그들은 누구를 버스에 태우고 누구를 버스에서 내리게 하고 누구를 핵심요직에 앉혀야 할지를 먼저 결정한다"고 했다. 그는 위대한 조직은 적합한 사람을 적합한 자리에 배치하고 그들 모두가 올바른 방향으로 달려가게 한다고 말한다. 콜린스는 "위대한 조직의 반열에 오르는 조직에는 예외 없이 놀라운 리더십을 발휘하는 리더가 있다"고 했다.

피터 드러커 역시 "경영은 사람에 관한 것이다. 경영은 사람들이 각자의 강점을 통해 효과를 산출하고 약점을 무관하게 함으로써 공동의 성과를 만들도록 하는 것이다"라고 설파했다.

동서고금을 막론하고 지도자의 성공가도에는 탁월한 인재 관리가 함께했다는 것은 많은 학자들의 공통된 의견이다. 중국 삼국시대에 촉한의 유비(劉備)가 난양에 은거하던 제갈량(諸葛亮)을 세 번이나 찾아간 것으로 유명해진 고사 삼고초려(三顧草廬)도 좋은 인재를 얻기 위한 노력이었다. 유비는 제갈량 외에도 평생 수많은 인재를 만났으며, 그들을 적재적소에 기용하여 정치를 안정시키고 승리를 이끌어 결국 황제의 지위에 오를 수 있었다. 인재 관리가 유비를 성공으로 인도한 것이다.

'위기관리' 능력 없이 지도자가 될 수 없다

대한민국은 위기와 공존하고 있다. 우리는 과거 전쟁을 치렀던 북한과 마주하고 있으며, 그들은 틈만 나면 핵실험으로 우리를 불안에 떨게 한다. 태풍, 폭우, 홍수, 지진, 황사, 가뭄 등 자연재난과 대형화재, 붕괴, 침몰, 추락, 폭발, 전염병, 연쇄살인 등의 인적 재난은 연례행사처럼 우리를 위협하고 있다. 금융위기도 우리 국민의 뇌리에 깊이 각인되어 있는 잊지 못할 재난이다. 세월호 침몰사고는 대통령을 탄핵으로 몰고 갔고 정권을 무너뜨렸다. 2021년 11월 현재, 코로나 위기는 국민을 고통에서 헤어나지 못하게 하고 있다.

국가적 위기상황이 발생했을 때 정치지도자의 위기관리(*risk management*) 능력은 국민의 생사 및 안위와 직결된다. 그래서 지도자는 위기상황에 신속하고 효율적으로 대처할 수 있는 능력과 전문지식, 판단력을 갖추어야 한다.

루스벨트와 대공황

역사적으로 위기대처를 잘한 지도자 중에 대표적으로 꼽을 수 있는 인물은 미국의 프랭클린 루스벨트(Franklin D. Roosevelt)와 존 F. 케네디(John F. Kennedy) 대통령일 것이다.

루스벨트가 대통령으로 취임한 1933년은 대공황이 4년째 계속되는 상황이었다. 경제 파탄으로 국민은 두려움에 떨었고, 정부에 대한 불신은 최고조에 달하고 있었다. 루스벨트는 국민에게 희망과 용기를 불어넣은 그 유명한 취임 연설을 시작으로 미국 사회의 분위기를 바꿔놓기 시작했다.

"이 위대한 국가는 지금까지 견뎌낸 것처럼 견뎌낼 것입니다. 아니 다시 생생하게 살아나 번성할 것입니다. 그러므로 무엇보다 먼저 나는 나의 확고한 믿음을 말하고자 합니다. 우리가 두려워해야만 하는 유일한 것이 있다면 바로 두려움 그 자체입니다. 막연하고 이유도 없고 정당하지도 않은 두려움이야말로 후퇴를 전진으로 바꾸기 위한 노력을 마비시키는 것입니다"라며 국민을 독려했다. 그는 실의에 빠져 있는 국민에게 신뢰를 심어주었다.

루스벨트의 리더십은 뉴딜정책을 성공적으로 추진하여 미국이 대공황에서 벗어날 수 있도록 능력을 발휘했고, 그 결과 국민들을 안정시켰다. 국민들은 희망을 가지고 다시 움직였고, 정부가 자신들을 방기(放棄)하지 않는다는 확신을 갖게 되면서 막연한 공포로부터 벗어나기 시작했다. 그는 1939년 9월 제 2차 세계대전이 발발하자 연합군에 동참하여 독일의 나치즘, 이탈리아의 파시즘, 일본의 군국주의를 상대로 전쟁을 수행하여 승리를 이끌어내는 데도 크게 기여했다. 루스벨트는 비전과 소신, 국민 설득을 통해 대공황과 제2차 세계대전을 헤쳐 나간 인물이다.

케네디와 쿠바 미사일 위기

미국의 35대 대통령인 케네디도 뛰어난 위기관리 능력으로 돋보이는 인물이다. 1961년 44세의 젊은 나이로 대통령에 취임한 그를 당시 일부에서는 경험이 없고 안정감이 부족하다며 우려를 표명하는 형편이었다. 그러나 1962년 쿠바 미사일 위기 때 보여준 그의 위기 대처 능력은 그러한 우려를 깨끗이 씻어버렸다. 그때 미국 정부는 소련이 쿠바에 미사일 기지를 건설하고 있다는 사실을 확인했지만, 정부 내의 기관들이 저마다 다른 의견을 내놓는 통에 혼란에 빠져 있었다. 정부 내 강경파와 온건파의 의견이 전혀 일치하지 않는 상황이 벌어지고 있었다. 일부에서는 폭격이나 미사일로 쿠바의 발사 시설을 없애버리는 방안이 최선이라고 주장했다. 특히 군부 일각에서는 전면적인 선제 핵공격으로 소련과 쿠바를 초토화시키자는 주장까지 나오는 지경이었다.

여러 의견을 충분히 경청한 케네디는 위기관리의 목표가 미사일 기지 철거라는 사실을 분명히 하고, 공습 대신 해안 봉쇄라는 강력하면서도 절제된 카드를 선택했다. 소련의 군함이 쿠바 해안으로 접근해 오는 와중에도 케네디는 핵전쟁을 불사하겠다며 단호한 의지를 보였다. 당시 미 해군은 항공모함 8척을 포함, 무려 90척의 대규모 함대를 집결시켜 쿠바의 모든 영해를 봉쇄하였다. 결국 소련 군함은 방향을 되돌렸고 미사일을 철수하는 것으로 상황은 종료되었다.

그 후 케네디는 미국과 세계를 3차 세계대전 발발 위기에서 구출한 뛰어난 대통령으로 평가받는다. 케네디의 사례에서 보듯이 위기 상황에서 지도자의 역할은 참으로 중요하다.

노자(老子)의 말씀처럼 위대한 지도자는 백성들이 "아무나 할 수 없는 일을 했다"고 말하는 사람이다.

소통하지 않고는 어떤 성취도 이룰 수 없다

최근 실시된 한 언론기관의 설문조사에 의하면 우리 국민들이 정치 지도자에게 가장 중요하다고 판단한 자질은 소통능력이었다. 아무리 좋은 비전, 정책이나 아이디어도 국민과 소통 없이는 전달될 수도, 실행하기도 어렵다. 어떤 지도자도 현장에서 일하는 사람들과 소통하지 않고는 강력한 리더십을 발휘하기 어렵다. 국민들은 물론 생각을 달리하는 사람들과도 허심탄회하게 토론하고 설득하는 자세는 정치지도자에게 가장 필요한 덕목이 아닐 수 없다.

소통은 기술이 아니라 자신의 생각을 진정성 있게 밝히고, 상대방의 이야기를 귀 기울여 듣고 이해하려는 진심으로 완성된다. 앞에서 살펴본 것처럼 대통령학의 세계적 권위자 프레드 그린슈타인 교수는 대통령이 갖추어야 할 능력으로 "능률적인 대중과의 의사소통"을 가장 먼저 꼽았을 정도이다.

링컨의 여론 공중목욕탕

지도자의 소통능력을 이야기하면서 링컨(Abraham Lincoln) 대통령을 빼놓을 수는 없다. 링컨은 어릴 때부터 사람들은 강요보다 설득을 더 좋아한다는 것을 알았고 그것을 실천한 인물이다. 그는 많은 어려움과 낙선을 겪으면서도 긍정적인 시선으로 세상과 소통하며 늘 유머와 웃음을 잃지 않았고, '정직한 에이브'(Honest Abe)라는 별명을 얻을 정도로 정직하게 사람들을 대했다.

1858년에는 상원의원 선거에 출마하여 당시의 유명 정치인이던 스티븐 더글러스(Stephen A. Douglas)와 경쟁을 벌인다. 이 선거에서도 링컨은 낙선했지만, 노예 문제에 대해 단호하게 반대하는 입장을 밝혀 정치인으로서 명성을 얻게 된다. 이때 링컨과 더글라스가 벌인 세 차례의 토론은 지금까지도 미국 역사에 남는 명 논쟁으로 평가된다.

그러한 인간적 측면이 결국 링컨을 대통령의 자리까지 올라가게 했고, 많은 사람들의 존경을 받으며 엄청난 업적을 남길 수 있게 한 원동력이었다. 대통령이 된 후에도 링컨은 다양한 계층과 직접 소통할 수 있는 '여론 공중목욕탕'(Public opinion bath)이라는 창구를 백악관 안에 만들어 정기적으로 여론을 청취했다. 링컨은 또 개방적인 협력을 이루기 위해서 백악관에 안주하지 않고 국민들 속으로 파고들어 갔다.

그는 역대 대통령 중 재임기간에 현장에서 가장 많은 시간을 보낸 대통령이었다. 1864년 남북전쟁의 막바지에 링컨은 노예제도를 금지하는 수정헌법을 의회에서 통과시키기 위해 반대하는 의원들을 직접 만나서 소통하고 설득하였다. 그는 남북전쟁을 승리로 이끈 대통령이라는 자만심을 버리고 낮은 자세로 사람들을 만났다. 링컨은 정적들까지도 감싸고 중용하면서, 이해와 소통으로 국정을 이끌어 끝내 '하나의 미국'을 이루고 위대한 대통령으로 남았다.

루스벨트의 노변정담 (爐邊情談)

미국을 대공황의 위기에서 탈출시키고, 2차 세계대전을 승리로 이 끈 루스벨트 대통령은 출중한 의사소통 능력의 소유자였다. 그의 진 솔하고 설득력 있는 연설은 국민들의 마음을 흔들 정도로 강력했고, 국민들에게 정치에 대한 신뢰를 심어주었다. 그의 솔선수범과 유머 는 국민들에게 확신과 희망을 안겨주었다.

루스벨트는 1945년 사망할 때까지 12년 간 재임하면서 매주 2회 씩 모두 천 번이 넘는 기자회견을 가졌다. 그는 국민과 소통하는 중 요한 수단인 기자회견 때에도 미리 제출된 질문지에 따라 답변하는 방식을 지양하고, 항상 현장에서 기자들로부터 당면한 문제에 관한 질문을 받았다.

또한 루스벨트는 국민과 직접 소통하기 위해 노변정담(爐邊情談, *fireside chat*) 이라는 이름의 라디오 연설을 총 30여 차례 단행했다. 라디오는 당시 최고의 매체였다. 노변정담은 격식 차린 담화문이나 연설이 아니라 편한 사람끼리 화롯불 가에서 나누는 듯한 친근감 있 는 대화였다. 루스벨트는 일반 국민에게 수천 통의 편지를 직접 쓰 기도 했고, 소아마비로 휠체어를 타면서도 미국 전역을 돌며 국민과 직접 대화하는 시간을 가졌다. 이러한 루스벨트의 노력은 결국 국민 들의 마음을 움직였고, 국민을 하나로 통합하는 데 막중한 역할을 하였다.

학습하면 어떤 능력도 얻을 수 있다

지도자에게 필요한 자질과 능력은 대부분 노력으로 얻을 수 있다. "머리는 빌리면 된다"는 주장도 있지만 빌리는 일도 안목이 있어야 가능하다. 따라서 지도자가 되려는 사람들은 폭넓은 지식을 가지려는 노력을 항상 경주해야 한다. 우선 교육, 정치, 경제, 복지, 국방, 외교, 환경 등의 문제에 대해서는 평소 독서도 하고 강의도 듣는 자세가 필요할 것이다. 또한 각 분야의 전문가들과 친교를 맺고 토론도 하는 등 활발한 교류가 필요하다.

건강, 체력, 외모와 연설, 토론, 유머감각 등은 평소에 개인적으로 갈고 닦아야 한다. 물론 이 분야들도 전문가의 도움을 받을 수 있다. 그러나 유지, 보수는 본인의 책임이다.

링컨은 연설과 토론에 뛰어났고 유머감각도 출중했는데, 그런 능력은 그의 새어머니 사라 링컨(Sarah Lincoln)의 도움에 힘입은 바가 컸다. 그녀는 링컨이 어렸을 때, 그에게 글 쓰는 능력 못지않게 탁월한 언어구사 능력이 있다는 것을 깨닫고는 어느 날 웅변연습에 관한 책을 선물하였다. 링컨은 그 책을 읽고 숲속을 거닐며 나무들을 청중으로 생각하면서 우렁찬 목소리로 연설 연습을 거듭했다. 그런 훈련이 링컨을 명연설가로 키운 것이다.

사라는 유머감각도 풍부하여 링컨과 곧잘 농담을 주고받았는데 그런 성장 환경이 영향을 미쳐 마침내 링컨을 열린 마음을 가진 이해와 소통의 정치가로 성장시킨 것이다.

정치에 뜻을 둔 사람은 끊임없이 학습하는 자세가 필요하다. 논어에 나오는 "배우고 때때로 익히면 이 또한 기쁘지 아니한가"(學而時習之 不亦說乎, 학이시습지 불역열호)라는 공자의 가르침대로 즐거운 마음으로 최선의 노력을 다하면 훌륭한 정치지도자가 될 수 있을 것이다.

4장

선거는 전쟁이자
설득이다

절대적 우위를 점하기 어려운 곳이라면,
가진 것을 잘 활용하여 결정적인 순간
에 상대적 우위를 점해야 한다.

카를 폰 클라우제비츠
(Carl von Clausewitz)

네거티브의 함정

선거는 결국 상대와 경쟁해서 이겨야 하는 게임이다. 선거 승리의 원천은 유권자의 투표라는 사실을 명심해야 한다. 최종목표는 유권자의 마음을 얻는 것인데, 많은 경우 이 게임에 나서는 사람들은 상대방을 공격하는 것에만 몰입한다. 그것이 정작 자신이 확보해야 할 유권자의 마음을 떠나가게 할 수 있는 것인지도 모르고 말이다. 예를 들어 네거티브를 하는 것이 상대에게 부정적 효과가 있는 것인지, 반대로 자신에게 부정적 영향을 미칠 것인지 모르고 맹목적으로 그것에 빠져드는 경우가 허다하다.

선거는 상대가 둘이라는 사실을 망각하면 안 된다. 유권자와 경쟁자가 그들이다. 경쟁자와는 전쟁하는 것이지만, 유권자는 나를 선택하도록 설득해야 하는 상황이다. 때로는 두 가지 행동이 이율배반적일 수 있다. 그런 우를 범하면 안 되는 것이 선거이다.

그리스의 철학자 아리스토텔레스는 인간을 '정치적 동물'이라고 했다. 인간은 개인으로서 존재하지만, 그 개인이 홀로 존재하는 것이 아니라 끊임없이 타인과의 관계 속에서 존재한다는 것이다. 인간은 사회의 구성원으로서 타인과 대화하고 설득하거나 때로는 설득당하면서 살아간다. 아리스토텔레스가 《수사학》에서 강조한 설득의 3대 요소는 에토스(*Ethos*, 인품, 신뢰), 파토스(*Pathos*, 감성), 로고스(*Logos*, 이성)이다.

네거티브는 유권자의 감성에 호소하는 것이다. 네거티브가 효과를 발휘하려면 그 진원지나 발설하는 사람이 신뢰성을 갖추어야 한다. 그렇지 않을 경우에 네거티브는 역풍을 맞을 수도 있다. 가능하면 네거티브는 안 하는 것이 상책이겠지만, 아무래도 선거는 경쟁이다 보니 네거티브를 하지 않을 수 없는 상황을 맞이할 수도 있다. 그럴 때는 신뢰와 사실을 바탕으로 한 전략적인 네거티브를 적절한 타이밍에 구사해야 할 것이다.

파토스에 호소하더라도 그 설득의 저변에는 에토스와 로고스가 깔려 있어야 한다는 의미이다. 그렇지 않을 경우 네거티브는 부메랑이 되어 발설자를 나락으로 떨어뜨릴 수도 있다. 선거가 격전으로 갈수록 네거티브의 유혹에 이끌리게 된다. 한 표라도 절실한 상황에서 네거티브 한 건이면 판세를 뒤집을 수도 있다는 생각에 사로잡힐 수도 있다. 그럴 때일수록 냉철해져야 한다. 네거티브는 언제라도 양날의 칼이 될 수 있기 때문이다.

>>>> ⟶

프레이밍 전략

프레이밍(*framing*)의 원래 뜻은 사진을 찍을 때에 피사체를 파인더의 테두리 안에 적절히 배치하여 화면을 구성하는 것을 말한다. 즉, 화면의 구도와 구성을 정하는 것이다.

행동경제학자 아모스 트버스키(Amos Tversky)와 대니얼 카너먼(Daniel Kahneman)은 사람의 의사결정이 결코 이성적이지 않다는 데 착안하여 프레임(*frame*)을 "의사결정자의 어떤 특정한 선택에 따른 행동, 결과 그리고 만일의 경우까지 고려하는 이해"라고 정의하였다. 프레이밍 효과(*framing effect*)는 동일한 사안이라고 해도 문제의 표현방식에 따라 그에 관한 개인의 해석이나 판단, 의사결정이 달라지는 인식의 왜곡현상을 말한다. 혹자는 '구조화 효과' 또는 '틀짜기 효과'라고도 한다. 트버스키의 사후 카너먼은 프레이밍 효과를 포함하는 프로스펙트 이론(*Prospect Theory*)에 관한 그들의 공동연구를 인정받아 2002년 노벨 경제학상을 수상하였다.

버클리대학 언어학과 교수 조지 레이코프(George Lakoff)는 프레이밍 효과를 정치 분야에 접목시킨 인물이다. 그는 2004년과 2006년에 《코끼리는 생각하지 마》(*Don't Think of an Elephant*)와 《프레임

전쟁》〈Thinking Points: Communicating Our American Values and Vision〉이라는 두 권의 책을 잇달아 출간하면서 보수와 진보라는 정치의 관점에서 프레임을 소개하고, 진보의 전략을 제시했다. 그는 선거를 '프레임과 프레임 간의 전쟁'이라고 정의하고, 선거에서 승리하고 싶으면 프레임을 적극 활용해야 한다고 주장하였다. 그는 미국의 진보세력이 선거에서 번번이 실패하는 이유를 프레임의 부재 또는 실패 때문이라고 평가했을 정도이다.

정치에서의 프레이밍은 '규정짓기' 또는 좀 극단적인 표현이지만 '낙인찍기'로 쉽게 설명할 수 있다. 심하게는 여론조작의 형태로 나타나기도 한다. 프레이밍은 네거티브 전략의 일환으로 상대를 공격하기 위해 쓰일 수도 있지만, 긍정적 방향에서 자기 진영의 후보를 위해 활용할 수도 있다. 일단 이 장에서는 네거티브 중심으로 프레이밍을 논하기로 한다.

'바보야! 문제는 경제란 말이야'

미국에서 프레이밍 전략을 사용하여 가장 성공했다고 평가받는 선거는 민주당의 빌 클린턴과 공화당의 조지 부시가 맞붙은 1992년 대선이었다. 당시 부시는 현직 대통령으로서 재선에 도전하는 입장이었다. 1991년 소련이 붕괴되면서 냉전이 종식되었고, 부시는 걸프전을 승리로 이끌었다. 그는 미국을 세계 유일의 최강대국으로 발돋움시킨 입장이라 정치적으로 유리한 위치에 있었다. 한편 빌 클린턴은 아칸소 주지사 외에는 별다른 정치경력이 없는 40대의 젊은 대통령 후보로서 크게 경쟁력이 없는 형편이었다.

그런 상황에서 클린턴 캠프의 전략가 제임스 카빌(James Carville)은 선거판을 경제문제 프레임으로 끌고 갔다. 카빌은 부시가 대통령으로 재임하는 동안 미국이 정치·군사적으로는 강했을지 몰라도, 경제적으로는 불경기였다는 점에 착안했다. 그는 그 유명한 '바보야! 문제는 경제란 말이야'(It's the economy, stupid!)라는 구호를 만들어 국면을 전환했다. 이 프레임에 갇힌 부시는 결과적으로 전쟁이나 했지 국민들 초미의 관심사인 경제문제는 등한시하는 무능한 인물이 되어 버렸다. 이 선거에 대해서는 뒷장에서 좀 더 상세하게 다룬다.

레이코프는 그의 저서 《코끼리는 생각하지 마》에서 이미 확정된 프레임에서 벗어나는 방법은 프레임을 전환하는 것밖에 없다고 했다. 사람들이 코끼리라는 주제에 대해서 떠들어 댈 때, '코끼리에 대해서 생각하지 마'라고 말하는 것 자체가 오히려 코끼리를 더 생각하게 만들게 되며, 그때부터는 코끼리에 대한 찬반양론만이 존재하게 되고 다른 얘기는 끼어들 수 없는 상황이 된다는 것이다. 그런 형편에서 벗어나려면 아예 코끼리는 언급도 하지 말고 다른 프레임으로 싸움의 판을 바꾸어야 한다는 것이다. 1992년 미국 대선에서 클린턴 측이 만들어낸 경제프레임에서 빠져나오지 못한 조지 부시 후보가 패배한 것은 어찌 보면 당연한 결과였다.

'빨갱이'와 '토착왜구'

우리나라에서도 프레이밍은 흔하게 사용되었다. 과거 권위주의 정권 시절에 진보인사들을 걸핏하면 '빨갱이'나 '종북 좌파'로 몰아세운 것은 네거티브 프레이밍의 좋은 사례라 할 수 있다. 진보진영은 보수에 대해 '친일' 프레임 또는 '토착왜구' 프레임을 자주 사용하는데, 근자에 와서는 진보 내부에서도 대통령 후보 경선과정에서 '친일' 프레임이 형편에 따라 쓰이기도 한다.

우리나라에서도 상대 진영이 쳐놓은 프레임 그물에 후보 스스로 걸려든 케이스가 있다. 2017년 4월 19대 대선후보 TV토론회에서 당시 안철수 국민의당 후보는 네거티브 공세를 비판하려는 의도에서 문재인 후보에게 수차례에 걸쳐 "제가 갑철수입니까?", "제가 MB 아바타입니까?"를 반복해 물었다. 본인은 당시 억울한 마음에 그런 질문을 한 것이겠지만 결과적으로는 상대 진영이 만들어놓은 프레임에 스스로를 가둬버리는 형국이 되었다.

그 상황은 "사람들이 코끼리라는 주제에 대해서 떠들어 댈 때, '코끼리에 대해서 생각하지 마'라고 말하는 것 자체가 오히려 코끼리를 더 생각하게 만든다"는 레이코프의 주장을 떠올리게 하는 사례였다. 그 상황을 모면하려면 그 주제를 박차고 나와서 다른 프레임으로 들어가야 하는데 오히려 정반대의 행동을 한 셈이었다. 결국 그 선거에서 안철수 후보는 3위로 낙선하고 말았다.

프레이밍은 네이밍이 효과를 결정한다

프레이밍 전략을 쓸 때는 이름 붙이기가 참으로 중요하다. 2000년 미국 대선에 공화당 후보로 출마한 조지 W. 부시는 감세정책을 공약으로 내걸었고, 백악관에 입성한 후에 그 공약을 실천했다. 그런데 그 공약의 명칭이 '세금 구제'(Tax Relief)였다. 세금을 깎아주는 정책이었는데 감면이라는 용어를 쓰지 않고 구제라고 한 것이다. 부시 정부는 모든 보도자료에 '세금 구제'라는 단어를 썼고, 대다수 언론도 그 용어를 그대로 받아썼다.

상황이 그렇게 돌아가니 그 정책에 반대했던 민주당도 '세금 구제'라는 용어를 쓸 수밖에 없었다. 세금은 누구에게나 고통스럽고 힘든 것인데 그 짐을 줄여주면서 '구제'라는 표현으로 포장하니 꼼짝없이 그 프레임에 걸려들 수밖에 없었던 것이다.

효과적인 일곱 가지 선전기법

'세금 구제'와는 반대로 상대를 매도하기 위해서 비방적 명칭을 활용하는 경우도 있다. 1939년에 미국 선전분석연구소(IPA: Institution for Propaganda Analysis)가 발간한 책 《선전의 예술》(*The Fine Art of Propaganda*)은 나치즘과 파시즘이 득세했던 당시의 대표적 선전선동을 분석한 효과적인 7가지 선전기법에 대해 기술하고 있다.

낙인찍기

그중 첫 번째 기법이 낙인찍기(*name calling*, 명칭 짓기 또는 '매도하기'라고도 번역한다)였다. 그들의 연구에서 혐오감을 주는 이름의 사례로 든 것이 '자본가', '파시스트', '전쟁광'(*war-monger*), '보수 반동'(*right-reactionary*) 등이었다. 우리나라에서도 과거 진보세력을 공격하는 용어로 "빨갱이'나 '종북 좌파' 등이 흔히 쓰였고, 극우 보수세력을 지칭하는 단어로 '수구 꼴통' 같은 표현이 쓰이기도 했다.

최근의 사례로는 2002년 대선 당시 한나라당이 모 대기업으로부터 불법 대선자금을 수수하면서 천문학적 액수의 현금을 실은 트럭을 통째로 전달받는 통에 '차떼기당'이라는 조롱성 별칭이 붙어 두고두고 국민의 비난을 받은 일을 꼽을 수 있다. 야권에서는 문재인 대통령을 극성으로 지지하는 집단을 가리켜 '문빠' 또는 '대깨문'이라고 부르기도 한다. 선거가 박빙세로 갈수록 프레이밍 전략에서 낙인찍기의 유혹은 캠프들을 자극한다.

미사여구 기법

미사여구 기법(*glittering generality*)은 어떤 대상을 좋은 표현을 써서 미화시켜 기억하게 하는 기법이다. 이 기법은 상품광고에서 많이 이용되는데, 정치광고에도 자주 활용된다.

1997년 김대중 국민회의 대통령 후보가 사용한 "준비된 대통령", 2004년 공화당 후보였던 조지 부시 대통령의 "변화하는 시대의 안정된 지도자, 부시 대통령"(President Bush, Steady leadership in times of change) 등의 슬로건이 해당되는 사례이다.

연상적전이 기법

연상적전이 기법(*transfer*)이란 선전대상에 권위, 존경, 명성 등을 연상시키는 상징물을 연결시켜서 대중들이 호감을 갖게 하는 기법 이다.

각국 대통령들이 공식사진을 자국의 국기 앞에서 찍는 것이 좋은 예이다. 우리나라 정치인들이 국립서울현충원에 있는 박정희, 김대 중 전 대통령의 묘소를 참배하거나, 김해 봉하마을에 있는 노무현 전 대통령 묘역을 찾는 것이 언론에 자주 노출되는 것도 같은 맥락 으로 볼 수 있다.

오바마가 대통령 취임식에서 링컨 대통령이 취임선서 때 사용한 성경책을 사용한 것이나, 재임 중 링컨을 빈번하게 언급하면서 흉내 내기를 한 것도 연상적전이 기법의 사례이다. 노무현 대통령도 링컨 을 자주 언급하면서 닮고 싶어 했고, 링컨의 전기를 집필하기까지 한 것도 같은 맥락으로 볼 수 있다.

증언 기법

증언 기법(*testimonial*)이란 어떤 대상을 광고 홍보할 때 유명 인사나 관련 전문가 등을 출연시키고, 그들의 입을 빌려 그 대상에 대해 좋 게 발언하게 해서 대중들에게 호감을 사는 기법을 의미한다. 반대로 나쁘게 평을 해서 부정적 이미지를 갖게 할 수도 있다. 대선 때 유명

인사들을 광고에 등장시켜 후보자에 대해 호의적 발언을 하게 하는 것이 여기에 해당된다.

유명 연예인들의 후보자에 대한 지지선언도 증언사례이다. 미국 메릴랜드대학에서 실시한 한 연구에 따르면 유명 방송인 오프라 윈프리(Oprah Winfrey)의 지지가 2008년 민주당 대통령 예비선거에서 오바마 후보에게 100만 표 이상을 끌어들인 것으로 나타났다. 미국의 민주당은 대체로 진보적 성향의 연예인들로부터 지지선언을 많이 끌어내는데, 공화당은 그것을 공격대상으로 삼기도 한다.

서민 기법

서민 기법(*plain folks*)은 후보자가 서민처럼 처신하는 기법이다. 후보자 자신이 서민처럼 소박함을 지니고 있음을 보여주어 그의 신념과 정책이 국민과 함께한다는 것을 강조하는 기법이다.

1987년에 치러진 13대 대통령 선거에서 민정당 노태우 후보의 '위대한 보통사람의 시대'라는 슬로건이 대표적 사례이다. 그는 양복저고리를 벗어젖히고 서류가방을 직접 들고 다니는 서민적 모습을 연출하기도 했다. 노태우 후보가 유세에서 "나 이 사람, 보통사람입니다. 믿어주세요"라고 한 발언은 화제가 되면서 다양하게 패러디되어 유행하기도 했다. 그의 대통령 취임사 제목도 '보통사람의 위대한 시대'였다. '보통사람' 사례는 뒷장에서 다른 시각으로 좀 더 상세히 다루기로 한다.

왜곡선택 기법

왜곡선택 기법(card stacking)은 어떤 대상을 아주 좋거나 나쁜 것으로 알리기 위해 그것을 뒷받침하는 자료만 일방적으로 선택해 제시하는 기법을 말한다. 즉, 어떤 입장을 지지하는 주장만을 선택하고 그것을 지지하지 않는 주장이나 증거는 무시해 버리는 방법이다.

　1939년 중일전쟁의 전투에서 첫 조선인 지원병 사망자가 나왔다. 충북 옥천군 출신 '이인석'이라는 인물이었다. 일제 강점기였던 당시 국내신문들은 "피로써 진충보국한 표본이 되어 주었다", "인간을 초월한 훌륭한 공훈" 등의 기사로 조선인도 침략전쟁에 기여한다는 것을 강조하면서 전쟁을 미화하였다. 심지어 이인석의 가정을 방문한 기자는 그의 부인이 "전사는 남자의 당연한 것이니 슬픈 것은 조금도 없습니다"라고 했다고 크게 보도했다. 전쟁의 참상이라든지 개인의 억울한 희생에 관한 부분은 전혀 언급하지 않으며 사실을 왜곡한 사례이다.

밴드왜건 효과

밴드왜건(bandwagon)은 '모든 사람들이 이렇게 생각하고 있고 대세가 이러니 이 방향에 동참하라'고 호소하는 방식으로 지지자를 끌어들이는 기법이다. 밴드왜건이란 행진할 때 선두에서 행렬을 이끄는 악대차(樂隊車)를 말한다.

　밴드왜건 효과는 미국의 서부개척 당시 금을 찾아 나서는 행렬을 선도하는 악대차를 무작정 뒤따르는 사람들을 비유하여 경제학자 하비 레이번슈타인(Harvey Leibenstein)이 만든 용어이다. 어떤 재화에 대한 수요가 많아지면 다른 사람들도 그 재화의 수요를 증가시키는 '편승효과'를 말한다. 선거 막판에 특정 후보가 대세라고 여론몰이를 시도하는 것도 밴드왜건 효과의 사례로 볼 수 있다.

언더독의 승리공식

선거 판세를 설명할 때 언더독 효과(underdog effect)라는 용어를 많이 쓴다. 언더독 효과는 경쟁에서 열세에 있는 약자에게 연민을 느끼며 그들을 더 응원하고 지지하는 심리현상을 뜻하는 용어이다. 개싸움에서 아래에 깔린 개(underdog)를 응원한다는 뜻에서 비롯되었다. 탑독(top dog)은 위에서 내리누르는 개를 말한다. 탑독은 언더독과 대칭되는 입장에 있는 쪽을 지칭하며, 사전적 정의로는 '권위 있는 자리를 달성한 사람'과 '특정한 상황에서 가장 중요하게 여겨지는 사람이나 조직'을 의미한다.

탑독과 언더독의 대립 시, 사람들은 일반적으로 약자가 강자에게 승리할 경우 약자가 영웅이 되거나 위대한 업적을 창출한 것으로 낙관하기 때문에 언더독을 지지하는 경향이 존재한다는 연구결과가 있다.

사회정체성 이론(social identity theory) 등에 따르면 일반적으로 성공할 기회가 많은 승자를 지지하는 것이 합리적이지만, 때로는 약자에 대한 동정심이나 정의감에 의해서 약자를 지지하는 경우도 있다. 이러한 역설적인 사람의 행동을 설명하려는 심리학 분야 연구결과물이 언더독 효과이다.

언더독 해리 트루먼의 극적인 승리

언더독이라는 용어가 일반적으로 널리 사용되기 시작한 것은 1948
년 미국 대선 때부터였다. 당시 현직 대통령이었던 민주당의 해리
트루먼(Harry S. Truman)은 여론조사에서 지지율이 공화당의 토머
스 듀이(Thomas E. Dewey) 후보에게 17%나 뒤지고 있었다.
〈뉴스위크〉가 미국의 정치전문 기자 50명을 대상으로 예상 당선자
를 물은 결과도 50 대 0으로 듀이의 완승일 정도였다. 갤럽 같은 권
위 있는 조사기관이나 〈라이프〉 등 유력 언론들도 듀이의 승리를
점치고 있었다.

그러나 투표함을 열고 보니 예상외로 승리는 트루먼의 것이었다.
〈시카고 데일리 트리뷴〉(Chicago Daily Tribune)은 여론조사 결과를
과신한 나머지 개표가 끝나지도 않은 상황에서 "듀이가 트루먼을 이
겼다"(Dewey Defeats Truman)는 오보를 헤드라인으로 내보낼 정도
였다.

이때부터 '언더독'이라는 용어가 일반에 회자되기 시작했다. 열세
인 여론조사 결과에도 굴하지 않고 집요하게 공격적인 선거운동을
펼친 트루먼에게 부동층 유권자들이 동정표를 던져 판세가 뒤집힌
것이었다. 트루먼의 승리에서 보듯 언더독 전략은 선거 막판에 효과
를 발휘한다.

언더독의 성공조건

언더독 전략이 위력을 발휘하려면 몇 가지 조건이 있다.

열세임을 부인하지 말아야 한다

자신이 현재 지고 있음을 냉정하게 인정해야 한다. 지고 있는 것이 분명한데도 허세를 부리면 유권자는 안타깝게 생각하지 않는다.

1962년 미국의 작은 렌터카 업체 에이비스(Avis)는 "우리는 2등입니다. 그래서 더 열심히 노력합니다"라는 전례가 없는 슬로건을 내세운다. 그런데 이 도전적인 마케팅 전략은 놀라운 성공을 거둔다. 당시 시장점유율이 70%에 달하던 1위 업체 허츠(Hertz)를 위협할 수준까지 성장한 에이비스는 광고시리즈의 인기에 힘입어 눈부신 실적 개선을 이룬다.

첫해에 50%의 매출 신장을 기록한 에이비스는 미국 렌터카 시장을 주도하는 2위의 기업으로 우뚝 섰다. 사실 이 광고가 처음 나갔을 때 에이비스는 업계 2위조차도 아니었다. 압도적 1등인 허츠를 제외하고는 수십 개의 렌터카 업체들이 나머지 시장을 놓고 경쟁하는 상황이었다. 에이비스의 시장점유율은 고작 2~3%에 불과했다. 그럼에도 불구하고 2등 전략에 힘입어 진짜 2등이 되었고, 나아가서 1위를 위협하는 위상에까지 도달한 것이었다.

열세임을 확실하게 인정하고 그렇기 때문에 더 열심히 하겠다는 결의가 소비자의 마음을 움직인 것이었다. 열세임을 인정하여 프레임 전환을 확실하게 만들어 낸 사례이다.

밑에 있어도 자신감을 잃으면 안 된다

트루먼과 에이비스의 전략이야말로 언더독의 귀감이다. 소비자의 마음은 바로 유권자의 마음이다.

우리나라에서 2002년에 치러진 16대 대통령 선거에 새천년민주당 소속으로 출마한 노무현 후보가 한나라당 이회창 후보를 근소한 차이로 꺾고 대통령에 당선된 것도 언더독 전략의 승리라고 할 수 있다. 선거 초반 노무현 후보의 지지율은 2.5%에 불과했다. 상대적으로 모든 조건에서 앞서 있는 데다, 대선 재수생이었던 이회창 후보가 젊은 노무현 후보보다 대권 고지를 차지하기에 좀 더 유리할 것으로 점쳐지는 상황이었다.

이른바 '이회창 대세론'이 대선판을 휩쓸고 있었다. 그러나 노무현 후보는 평정심과 자신감을 잃지 않았다. 이전 대선부터 불거진 이회창 후보의 두 아들의 병역기피 논란, 노사모를 비롯한 네티즌들의 열성적인 노무현 지지, 정몽준 후보와의 단일화 성공 등에 힘입어 노무현 후보가 당선되었다. 언더독 상황에서 노무현 후보가 현실에 굴하지 않고 끝까지 공격적인 투혼으로 싸운 것이 승리의 원동력이었다.

선택과 집중을 해서 공격해야 한다

언더독인 후보는 공격목표를 좁혀야 한다. 언더독 상황에 있는 입장에서는 운신의 폭이 넓지 않다. 제한된 인력과 자원으로 전 방위의 공격은 불가능할 뿐 아니라 화력도 떨어진다. 따라서 자신의 확실한 경쟁우위 포인트를 내세워서 공격해야 한다. 그것이 다행히 상대의 취약한 부분이면 더욱 좋다. 공격은 한 방향으로 일관되게 이루어져야 한다. 선택과 집중을 통해 전장에서의 열세를 극복하고 악전고투 끝에 승리를 거둔 사례로 이순신 장군의 명량대첩을 꼽을 수 있다.

명량대첩, 이순신 장군의 교훈

1597년 정유재란 당시 선조는 칠천량 해전의 패배로 손실이 커지자 수군을 폐지하려고까지 하였다. 그러자 이순신 장군은 선조에게 수군폐지 불가론을 펼친 그 유명한 장계를 올려 분위기를 반전시켰다.

"지금 신에게는 아직도 전선 12척이 남아 있나이다. 죽을힘을 다하여 막아 싸운다면 능히 대적할 수 있사옵니다. 비록 전선의 수는 적지만 신이 죽지 않은 한, 적은 감히 우리를 업신여기지 못할 것입니다"라는 내용이었다.

그리고 명량대첩 바로 전날에는 장병들에게 "병법에 이르기를 '반드시 죽고자 하면 살고 반드시 살고자 하면 죽는다'(必死卽生 必生卽死)고 하였고, 또 '한 사람이 길목을 지키면 천 명도 두렵게 할 수 있다'(一夫當逕 足懼千夫)고 했는데, 이는 오늘의 우리를 두고 이른 말이다. 너희 여러 장수들이 조금이라도 명령을 어기는 일이 있다면 즉시 군율을 적용하여 조금도 용서치 않을 것이다"라고 거듭 말하며 장병들과 죽기를 각오하고 싸울 것을 결의하였다.

명량대첩은 왜군의 전함 130여 척 중 30여 척을 격침시키고, 3천여 명의 왜군 전사자를 내면서 조선군의 대승으로 끝났다. 조선군의 전함은 단 한 척도 침몰되지 않았다. 이순신 장군은 그 어려운 상황에서도 울돌목에 집중하여 조류의 변화와 지형을 이용한 전략을 세웠다. 그런 다음 흩어진 병사들을 끌어 모아 전투의욕을 고취시켜 승리를 끌어낸 것이다.

이순신 장군의 전설은 언더독 상태로 선거를 치르는 후보들에게는 큰 귀감이 되는 사례이다. 그런 전심전력만이 승리를 성취하게 한다.

5장

상황을 정확히 읽어야
전략을 세울 수 있다

———

지피지기(知彼知己)면 백전불태(百戰不殆)라!
자신과 상대방의 상황에 대하여
잘 알고 있으면 백번 싸워도
위태로울 것이 없다.

손자병법 모공편

선거에 나서려는 사람은 일단 자신을 둘러싸고 있는 상황과, 자신이 처한 환경에 대한 정확한 이해가 있어야 한다. 그러한 이해가 있어야만 그것을 토대로 이길 수 있는 전략을 세울 수 있다. 그러한 상황분석은 일회성으로 끝나서는 안 되고, 그 세계에 몸담고 있는 한은 끊임없는 분석을 생활화해 나가야 한다. 정치에 관심 있는 사람뿐 아니라 변화무쌍한 현대사회를 살아가는 사람에게 있어 상황 및 환경 분석은 필수적인 생존전략이라 할 수 있다. 기회는 준비된 사람만의 것이다.

거시환경 분석

상황 분석의 첫걸음은 거시환경 분석이다. 우리를 둘러싸고 있는 생활환경의 분석은 크게 정치, 경제, 사회, 기술 등 4가지 분야로 나누어서 시도해 볼 수 있다. 그러나 거시환경은 너무나 많은 요소들을 포함하기 때문에 위의 4분야 외에도 환경이나 법률 등 다른 분야를 추가할 수도 있다. 4분야도 서로 겹치는 영역이 많기 때문에 분석자의 관점이나 필요에 따라 재구성할 수도 있겠다.

거시환경 분석에 관련되는 자료는 넘쳐난다. 각 분야의 전문가들이 작성한 2차 자료들은 쉽게 접근할 수 있고, 인터넷 등 다양한 원천을 통해서 구하기도 용이하므로 이 책에서는 선거와 관련된, 후보자가 꼭 알아야 할 핵심 사안들만 언급하기로 한다.

정치 환경

정치 환경에는 너무나 많은 사안이 포함된다. 그 복잡다단한 정치환경을 전반적으로 심도 있게 다루기에는 지면이 부족하므로 이 장에서는 선거와 관련된 정치지형에 관해서만 간략히 언급하기로 한다. 그러나 아무리 간략히 다룬다고 하더라도 정치지형을 이야기하다 보면 정치뿐 아니라 경제문제 등도 짚지 않을 수 없으므로 그런 애로사항에 대해 미리 독자의 양해를 구한다.

선거를 준비하는 사람들에게 정치 환경을 이야기하자면 우선 차기정권의 향방을 가늠해 보라는 말을 빼놓을 수 없다. 정권이 어느 쪽으로 갈지는 아무도 모른다. 그러나 선거에 임하는 사람이라면 어떤 레벨의 선거라도 자신의 진영이 유리한 국면을 맞이하고 있는지 불리한 국면을 맞이하고 있는지는 알아야 하고, 그래야 큰 틀에서 자기 자신의 선거 전략도 세울 수 있다.

이 책의 이 장을 집필하고 있는 2021년 11월은 2022년 3월 9일에 치러질 20대 대통령 선거를 목전에 두고 있는 시점이다. 현재 주요 정당들은 대통령 후보 선출을 위한 경선을 마치고 본선에 들어서고 있다. 경선과정이 힘들고 길어서 그랬는지 발등에 떨어진 승부가 급해서 그랬는지 모르겠으나, 각 진영은 그동안 네거티브에만 몰두하는 모습을 보였다. 거시적 관점에서 비전과 정책으로 대결하는 모습은 찾아보기 힘들었다. 경선과정의 네거티브가 본선에서 자신들의 운명에 어떤 영향을 미칠지에 대해서는 별 생각이 없는 것 같다.

2021년 하반기의 정치지형

아무튼 현재의 정치지형을 돌아보자. 2017년 촛불정국이 초래한 대통령 탄핵은 대한민국의 정치지형을 송두리째 흔들어 놓았다. 그해 5월에 치러진 대선에서 문재인 대통령이 당선되어 더불어민주당은 집권여당이 되었다. 대한민국의 정치주류가 보수에서 진보진영으로 바뀐 것이다.

그로부터 4년여의 세월이 흘렀고 선거의 시간은 다시 다가왔다. 어느 대선이 의미가 없을 수 없지만 이번 대선은 유난히 많은 의미를 갖고 있다. 무엇보다 주요 포인트는 더불어민주당이 재집권에 성공할 것인가이다. 단적으로 말할 수 없지만 현재로서는 '정권교체 10년 주기설'로 자위하고 집권당 프리미엄 등 여러 가지 유리한 여건을 갖고 있다지만, 여권에 마냥 좋기만 한 상황은 아닌 것 같다.

여당보다는 야당 역할에 익숙한 지금의 여권은 지난 4년여 동안 상당히 많은 시행착오를 겪었다. 이른바 '적폐청산'을 기치로 내걸고 권력기관 개혁과 언론 개혁 등을 주요 국정과제로 추진했지만 지지부진한 모습을 보여 국민들의 실망감이 적지 않다. 주거 부동산정책과 일자리 창출의 실패는 젊은이들을 분노에 이르게 했다. 남북관계에서도 일방적으로 끌려다니면서 성과는 없는데, 저자세로 집착하는 모습도 좋은 인상을 남기지 못했다. 그런 결과가 4·7 서울, 부산시장 재보선 참패로 나타났다.

이준석 대표의 등장

그런 와중에 국민의힘 신임 당대표로 36세의 국회의원 무경험자인 이준석 후보가 당선되었다. 이 대표는 선출되자마자 지하철과 공유자전거 '따릉이'로 출근하며 새로운 세대의 정치문화를 선보이고, '꼰대' 보수정당 국민의힘에 변화의 이미지를 불어넣기 시작했다.

지하철에서 노트북으로 업무를 보고 스마트폰으로 인터뷰하는 모습은 과거의 당대표에게서는 찾아볼 수 없었던 새로운 모습이었다. 대변인 선출을 위한 토론 배틀과, 기초단체장 선거에 검증시험을 도입하겠다는 아이디어도 신선하다는 평가를 받았다.

이준석 대표 취임 이후 4개월간 약 26만 명이 넘는 신규 당원이 입당한 것으로 알려졌다. 이들 중 다수가 2030세대로 알려지면서 이준석 효과가 벌써 나타나고 있다는 평가가 나오고 있다. 아직 이른 평가일 수도 있지만 아무튼 노화하고 있는 민주당에는 위협적인 현상이 아닐 수 없다.

아무튼 최근(2021년) 다수의 여론조사에서 정권교체에 동의하는 여론이 정권 재창출에 동의하는 여론을 웃도는 것으로 나타나고 있다. 아직 선거결과를 예단하기에는 이르지만, 분명한 것은 2017년의 대선 승리와 2020년 총선에서 더불어민주당이 얻었던 지지는 상당 부분 잃었다는 것이다. 지역별, 세대별로도 민주당은 과거에 비해 초라한 지지를 얻고 있는 것으로 나타나고 있다.

남은 기간에 어떤 돌발변수가 발생할지도 모르기에 아직 어느 진영도 자만하거나 침울해 할 필요는 없다. 하지만 선거를 준비하는 사람들은 항상 그 시점의 정치지형과 여론의 동향을 감안하여 전략 수립에 임해야 할 것이다.

경제 환경

우리 경제현황과 문제점

우리나라는 지난 1960년대 이후 반세기 이상 지속된 고도압축 성장을 통해 세계 10대 경제대국으로 우뚝 섰다. 2021년 7월 이후 유엔무역개발회의(UNCTAD)는 우리나라의 지위를 개발도상국에서 선진국으로 변경하였다. 그러나 우리의 경제발전은 재벌과 대기업 중심으로 진행되었기에 양극화라는 심각한 사회적 문제를 안게 되었다. 우리 경제가 안고 있는 고질적인 양극화 문제를 이해하고 중장기적 해결방안을 모색하는 일은 이 시대에 정치지도자가 되려는 사람들이 끊임없이 고민하고 천착해야 할 숙명적 과제이다. 양극화가 심화하면 사회통합과 경제성장을 저해할 수 있으므로 사회안전망 강화 등의 포용적 정책이 필요함을 인식해야 한다. 사회복지 분야의 새로운 수요가 끊임없이 등장하므로 정치에 뜻을 둔 사람들은 이 분야에 대한 공부도 게을리 해서는 안 될 것이다.

단기적으로 우리 경제는 코로나19의 확산세에 따라 소폭의 경기 등락을 반복하고 있다. 경제연구기관들은 우리 경제가 2020년 2/4분기를 저점으로 하여 경기침체 국면에서 서서히 벗어나고 있다고 평가하고 있다. 향후 우리 경제의 성장은 코로나19의 확산과 백신 보급 속도에 크게 영향을 받을 것으로 예상된다. 따라서 당분간 대면서비스업의 경기는 활성화되기 쉽지 않으리라고 예측할 수 있다.

따라서 선거공약을 수립하는 데도 코로나19 위기에서 정상화되는 과정을 참작하여 선제적으로 대비하는 정책을 염두에 두어야 할 것이다.

ESG 경영과 투자

그 외에 정치인이라면 최근 세계적으로 관심이 급격히 높아지고 있는 ESG 경영과 투자에 관해 주목하고 국가적인 대처방안을 모색해야 할 것이다.

지금 세계의 이목이 미국 정부의 ESG 투자 및 관련 정책의 변화 가능성에 쏠리고 있다. 바이든 대통령이 후보 시절 기후변화를 '인류가 직면한 가장 큰 문제'라고 반복해서 발언한 바 있기 때문이다. ESG는 환경(*Environmental*), 사회(*Social*), 지배구조(*Governance*)의 약칭으로, 기업의 '지속가능성'을 판단하는 척도이다. ESG 문제는 2004년 말 유엔글로벌콤팩트(UN Global Compact)가 처음 제기했다. 유엔은 기업이 지속 가능한 성장을 하기 위해서는 기업 투자가치에 큰 영향을 미치는 비재무적 이슈가 조명을 받아야 한다고 판단해 ESG라는 개념을 만들어 낸 것이다.

그들은 투자자들이 '투자대상 기업의 지속가능성 수준을 체계적으로 판단할 수 있는 기준'으로 ESG를 제시하고, 투자자 외에 기업, 연기금, 금융기관, 정부, NGO 등 여러 주체에게 ESG 투자와 경영에 참여할 것을 권고하고 있다. 금융권 일각에서는 오는 2030년에 글로벌 ESG 운용자산 규모가 130조 달러로 증가할 것이라는 예측까지 하고 있다. 최근 우리 정부도 ESG를 활성화하고 국제 경쟁력을 높이는 방안으로 과감한 투자와 생태계 조성 및 선도자 역할 등 3가지를 제시한 바 있다. 앞으로 공공기관은 물론 기업에서도 경영공시항목에 안전 및 환경, 사회공헌, 상생 및 일과 가정 양립 등 ESG와 관련된 항목도 대폭 확대할 예정이다. 정치인들의 학습이 필요한 영역이다.

유권자의 경제에 대한 인식

어떤 선거라도 선거에 나서려는 예비후보자들은 국민들의 그 시점 경제상황에 대한 인식을 잘 파악하고 있어야 한다. 자신에게 유리해도 알아야 하고, 불리한 상황이면 더욱 잘 알아야 한다. 그래야만이 해법을 찾고 제시할 수 있다.

　최근 모 조사기관의 여론조사에 의하면 국민들은 우리 경제의 가장 시급한 문제로 '일자리 및 고용 문제'를 꼽았다. 그다음으로 '계층 간 양극화 심화', '저출산, 고령화로 인한 성장동력 약화', '집값 불안정 등 주거 불안', '일본의 수출규제 및 국제통상 갈등' 순이었다.

문재인 정부의 공과

문재인 정부의 경제 관련 정책 가운데 가장 잘한 것이 무엇이라고 생각하느냐는 질문에 응답자의 18%가 '최저임금 인상 정책'을, 역시 18%가 '주 52시간 근로시간 단축 정책'을 꼽았다. 그다음으로 '대기업과 중소기업 격차 해소를 통한 동반성장 정책' 9%, '신산업

투자 및 규제 완화를 통한 혁신성장 정책' 8%, '일자리 및 고용 정책' 7%, '주택 및 부동산 정책' 6% 순이었다.

현 정부가 가장 잘못한 경제정책으로는 응답자의 28%가 '주택 및 부동산 정책'을 첫손에 꼽았다. 그다음으로 '일자리 및 고용 정책' 20%, '최저임금 인상 정책' 15%, '주 52시간 근로시간 단축 정책' 12%, '대기업과 중소기업 격차해소를 통한 동반성장 정책' 8%, '신산업 투자 및 규제완화를 통한 혁신성장 정책' 4% 순이었다.

경선과정에서 이슈가 되었던 기본소득제 도입에 대한 질문에는 '매우 반대한다'는 응답이 21%, '반대한다'는 응답은 24%로 응답자의 45%가 기본소득제도의 도입에 반대하는 것으로 나타났다. 이런 여론은 시시각각 바뀔 수도 있겠지만 정치인 또는 고위공직 후보자는 항상 유권자의 경제문제에 대한 인식을 냉철하게 파악해야 한다. 유권자에게 경제는 삶과 직결되어 있는 문제이기 때문에 알아야 하기도 하고, 또 그것이 선거의 승패를 가르는 분수령이 될 수도 있기 때문이다.

지금 선거를 준비하는 후보들은 '주택 및 부동산 정책'과 '일자리 및 고용 정책'에 대한 해법 없이는 선거를 이길 수 없다는 명백한 사실을 알아야 한다. 진영을 가릴 것 없이, 이 문제에 분노가 폭발하고 있지만 겉으로는 실제보다 냉정하게 누르고 있는 MZ세대 젊은 이들의 마음을 얻지 못하고는 어떤 선거도 승기를 잡을 수 없다. 누구도 지지율에 취해 있을 상황은 결코 아닌 것 같다.

사회적 환경

사회적 환경은 대단히 포괄적이다. 정치, 경제문제와도 경계가 애매하다. 경제 환경에서 언급한 양극화 문제나 청년 일자리 문제, 환경을 포함하는 ESG 투자 등은 사회적 환경 문제로 분류할 수도 있다. 여기에서는 저출산, 고령화를 포함하는 인구통계학의 문제, 가치관 변화의 문제 등을 주로 짚기로 한다.

인구절벽과 저출산 고령화 문제

몇 년 전 경제전망과 투자전략 분야의 권위자인 해리 덴트(Harry Dent)의 저서 《인구절벽》(*The Demographic Cliff*)이 출간되어 화제가 되었다. 그가 경제위기는 인구감소의 직접적 영향을 받는다고 강조하자 우리 사회의 인구절벽에 대한 관심이 증폭되었다.

인구절벽이란 어느 순간을 기점으로 한 국가의 인구가 급격히 줄어들어 인구 분포가 마치 절벽이 깎인 것처럼 역삼각형 분포가 된다는 의미이다. 우리나라는 이미 출산율이 낮아지는 추세 속에 고령화가 급속히 진전되고 있다. 우리 사회는 2019년부터 사망자 수가 출생자 수를 추월하여 자연인구가 감소하기 시작했다. 2020년부터는 전체 주민등록 인구도 감소하고 있다.

여성 1명이 평생 낳을 것으로 기대되는 아이의 수를 뜻하는 합계출산율은 우리나라에서 역대 최저인 0.84명까지 떨어졌고, 이는 OECD 평균 1.61명의 절반 수준에 불과하다. 연간 출생아 수는 20

만 명대로 내려앉았다.

　2020년 기준 우리나라의 65세 이상 고령 인구는 815만 명, 전체 인구의 15.7%로 유엔이 정한 고령사회 기준 14%를 2017년에 이미 넘어섰다. 이런 추세라면 오는 2025년 노인 인구가 전체 인구의 20%를 넘는 초고령사회로 진입할 것이 전망된다. 그러나 15∼64살의 생산연령인구는 2020년 3천 7백만 명에서, 2070년에는 1천 7백만 명으로 크게 줄어들 것으로 예측된다.

　고령화를 개인적 측면에서 보면 수입 감소로 인한 경제적 빈곤, 육체적, 정신적 노화로 인한 건강 악화, 소외 등의 문제가 대두될 것이다. 또한 고령화는 공급 측면에서 노동과 자본의 투입을 감소시키고 생산성을 떨어뜨려 잠재성장률에 부정적 영향을 미칠 것이다. 게다가 저출산으로 절대인구가 감소하면 수요는 더욱 감소할 것으로 예상된다.

　고령화와 저출산에 따르는 경제성장률 하락은 재정 측면에서 세입감소로 이어질 것이 예상된다. 반면 고령층 증가에 따라 건강, 의료, 복지 등 사회보장 지출은 증가할 것이다. 결국 재정수지는 악화할 것으로 전망된다. 이러한 문제를 해결하기 위해서는 국가적 차원에서 접근해야 할 것이다. 먼저 노년층을 사회적 노동력으로 인식하여 일할 수 있는 여건과 일터를 개발하고 고용기회를 확대해야 한다. 또 노년층의 다양한 욕구를 수용할 수 있는 복지 관련 시설의 확충, 실버산업의 육성 등 노인복지 정책도 대폭 개선되어야 한다.

　저출산, 고령화 문제는 국가적인 문제로, 정치인들의 심각한 고민이 필요한 지점이 아닐 수 없다. 공직선거에 나서는 이들은 사안의 중차대함을 인식하고 심도 있게 학습하여 시급히 관련 정책을 준비하고 입법에 대비하여야 할 것이다.

인구분포의 극적 변화와 선거

우리나라의 최근 연령대별 인구통계 추세를 살펴보면 40대 이하 인구는 큰 폭으로 감소하고 있는 데 반해, 60대 이상 인구는 가파르게 증가하고 있다. 행정안전부가 2021년 7월에 발표한 자료에 의하면, 우리나라의 60대 인구 비율이 처음으로 청년층인 20대와 30대를 각각 앞선 것으로 나타났다. 60대 인구는 700만 명을 조금 상회했는데 반해, 20대 인구는 675만 명, 30대는 678만 명으로 나타났다. 가장 숫자가 많은 연령대는 50대로, 859만 명을 기록했다. 60대 인구가 700만 명을 넘은 것은 주민등록인구 통계 집계를 시작한 2008년 이후 처음이다.

전체 인구에서 6070세대와 2030세대가 차지하는 비중 격차는 2008년 17.4%포인트였는데 2021년에는 1.6%포인트로 줄어들었다. 이런 추세라면 몇 년 내로 6070세대가 2030세대를 추월할 것이 예상된다. 전체 평균연령은 43.4세로 2008년의 37세에 비해 6.4세 늘어났다. 정부 관계자는 "인구분포의 비대칭성이 점점 커지는데 10년 뒤에는 50대 이상 인구가 전체 인구의 절반 이상을 차지할 것으로 보이고, 평균연령이 50세를 넘어서는 지역이 상당수 나올 것으로 예측되고 있다"고 했다.

우리나라의 고령층은 전통적으로 보수지지 성향을 보여왔는데, 이러한 인구분포의 큰 변화는 향후의 각종 선거에도 많은 영향을 미칠 것으로 예상된다.

젠더 이슈와 MZ세대의 분노

여당의 참패로 끝난 2021년 4·7 재보궐 선거에서 'MZ세대'가 과거의 고정관념을 깨는 지지 성향으로 세상의 주목을 받았다. MZ세대는 1980~1995년 출생한 '밀레니얼(M)세대'와 1996~2000년 출생한 'Z세대'를 통칭하는 용어이다. 그들은 스마트폰, 인터넷 등 디지털 환경에 친숙하며, 집단보다는 개인의 행복을, 소유보다는 공유에 관심을 보이는 세대이다.

MZ세대는 전통적으로 진보진영 핵심지지층이라는 인식이 보편적이었으나 4·7 재보선을 통해 그런 통념은 여지없이 깨졌다. 지난 4·7 서울시장 보궐선거 출구조사에서 20대 남성 유권자의 72.5%는 오세훈 국민의힘 후보에게 투표한 것으로 나타났다. 오 후보에 투표했다는 20대 남성 비율은 50대나 60대 남성보다도 높았다. 30대 남성 역시 63.8%가 오 후보를 찍었다고 답했다. 30대 여성도 오 후보를 찍었다는 응답이 50%넘게 나왔다.

특이한 점은 20대는 성별로 표심이 크게 갈려 여성의 15%는 페미니즘을 표방하는 소수정당 후보에 투표했다는 것이다. 여성인 여당의 박영선 후보가 오세훈 후보를 이긴 것은 전 연령대, 성별을 통틀어 40대 남성과 20대 여성뿐이었다. 전례가 드문 현상이었다. 이 같은 출구조사 결과가 나오자 정치권 안팎에선 2030세대가 그동안 곳곳에서 터져 나온 여당 공직자들의 성추문과 아파트 가격 폭등, LH(한국토지주택공사) 사태, 조국 전 법무부 장관 가족사건 등으로 쌓인 분노가 폭발한 것이라는 분석이 나왔다.

MZ세대는 젠더 이슈와 공정성에 민감하며 자신들의 목소리를 과감하게 토로한다. 그런데 성추문의 진원지인 여당이 당헌까지 고쳐가며 후보를 선출하는 위선과 불감증을 보고 투표로 심판한 것이다. 더불어민주당의 당헌은 당 소속 공직자의 '중대 잘못'으로 생긴 보궐선거에 후보를 내지 못하도록 규정하고 있었다. 이제 마음이 떠나간 그들의 투표성향을 예측하는 것은 대단히 어려운 일이 되었다. 그들의 지지를 끌어내는 것은 더욱 힘든 일이 될 전망이다.

MZ세대는 조직과 이념으로부터 자유롭다고 평가받는다. 그들은 페미니스트를 자처하면서 성추행을 저지르는 '내로남불'과, 성폭행 피해자를 '피해 호소인'이라고 명명하는 정치적 술수에 직설적으로 울분을 토해내는 세대이다. 그들은 조직에 대한 충성심보다 개인의 정체성을 더 중요하게 생각한다.

MZ세대는 권위를 싫어하고, 현실적이며 다양성에 기초한 개인의 삶과 생활을 중시한다. 과거에 동조했던 후보라도 지금 정의롭지 않고 자신의 원칙과 맞지 않으면, 언제라도 지지를 철회할 수 있는 유연함이 그들의 특성이다. 앞으로는 MZ세대의 표심이 선거를 좌지우지하는 '캐스팅 보트'의 역할을 할 것이라는 진단까지 나오는 실정이다.

2022년 3월에 치러질 대선에서 투표권을 행사할 MZ세대는 행안부 주민등록통계상 1,350만 명을 상회하는 것으로 추정된다. 공정의 가치에 민감한 그들의 선택에 따라 정권의 향방이 갈릴 수도 있는 상황이다. MZ세대가 새로운 부동층으로 떠오르고 있는 것이다. 공직자 후보들은 MZ세대에게 다가가고 그들이 공감하는 정책 개발에 심혈을 기울여야 할 것이다.

디지털 전환 시대에 살아남기

우리 사회는 지금 이미 우리 곁에 와 있는 제4차 산업혁명이라는 거대한 물결 속에서 유영(遊泳)하고 있다. 4차 산업혁명은 2016년 세계경제포럼(WEF: World Economic Forum)에서 클라우스 슈바프(Klaus Schwab) 의장이 주창하여 통용되고 있는 용어이다. 이에 대해 우리나라에서 유난히 반응이 뜨겁고, 언론이나 전문가들이 많이 거론하고 있다. 4차 산업혁명이라는 개념 자체에 시비를 거는 이들도 많지만 그 문제는 이 책에서는 논외로 한다.

4차 산업혁명은 IT 강국, 대한민국이 당연히 관심을 갖고 대처해야 할 주제가 아닐 수 없다. 학자들은 4차 산업혁명을 디지털 기술을 기반으로 물리적 공간, 디지털 공간 및 생물학적 공간의 경계를 무너뜨리는 기술융합의 도래라고 정의하고 있다.

4차 산업혁명은 초연결성(*hyper-connected*), 초지능화(*hyper-intelligent*)의 특성을 가지고 있다. 물리적, 생물학적 세계와 디지털 세계를 빅데이터로 통합하는 혁명은 전 세계의 산업구조 및 경제에 커다란 영향을 미칠 것으로 전망된다. 물리적인 세계와 디지털 세계의 통합은 O2O(*Online to Offline*)를 통해 수행되고, 생물학적 세계에서는 인체의 정보를 디지털로 이어주는 기술인 스마트워치나 스마트밴드를 이용하여 모바일 헬스케어를 실현하고 있다. 가상현실(VR)과 증강현실(AR)도 디지털 세계와 물리적 세계를 연결시킨 사례라 할 수 있다.

현재 4차 산업혁명은 인공지능(AI)과 사물인터넷(IoT), 빅데이터 분석, 로봇공학, 가상현실, 웨어러블 디바이스, 무인 운송수단, 나노소재, 3D 프린터, O2O, 핀테크 등 다양한 신기술과 함께 눈부신 속도로 진행되고 있다. 이러한 변화는 경제는 물론 많은 분야에 영향을 미칠 것이다.

4차 산업혁명이 가져올 변화

4차 산업혁명은 이제 제조업, 농업 및 수산업과 같은 전통산업의 생태계까지도 전환하는 이른바 산업의 디지털 전환(*digital transformation*)으로 구체화되고 있다. 선행 연구에 의하면 디지털 전환이란 기업이 디지털과 물리적 요소들을 통합하여 비즈니스 모델을 전환하고, 산업에 새로운 방향을 정립하는 것으로 정의한다.

그리고 자산의 디지털화와, 조직이 생각하고 일하는 방식을 바꾸는 프로세스 전환, 리더십과 신규 비즈니스 모델의 창출 그리고 이해관계자와 고객, 직원 등의 경험을 향상시키기 위한 기술까지도 포괄한다는 것이다.

디지털 전환은 디지털 기술의 개발과 사용 차원을 넘어 주문에서부터 생산, 배송, 고객서비스에 이르기까지 전 과정에 걸쳐 산업별로 존재하는 관행과 질서를 바꿀 것으로 예측된다. 나아가서 해당 산업에 속한 기업의 위상까지도 변화시킬 것이다. 그러한 변화는 한편으로 국가의 위상까지도 바꿀 수 있다. 최근 디지털 전환을 국가적 과제로 추진하는 중국은 우리와 경쟁관계에 있기도 해서 위협적이다. 디지털 전환을 농업, 수산업과 같은 1차 산업과 연결시켜 보면 식량문제와도 결부되어 있어 판단하기에 따라서는 국민을 먹여 살리는 문제와 직결되어 있기도 하다. 이런 문제에 정치인이 관심을 갖고 대책을 세우는 데 참여하지 않으면 직무유기를 하는 것이다.

4차 산업혁명으로 인한 디지털 전환은 국민의 삶을 송두리째 바꿔놓을 수 있다. 자동화기술 및 컴퓨터 연산기술의 발전은 고용을 감소시킬 것으로 전망된다. 저렴한 인건비를 찾아 세계를 헤매던 아디다스는 2016년 독일 바이에른(Bayern) 주의 안스바흐(Ansbach)에 로봇 자동화 공정을 도입한 스피드 팩토리(*speed factory*)를 세웠다. 그곳에서 10여 명의 인원으로 과거 600여 명이 생산하던 50만 켤레의 운동화를 매년 만든다.

최근 구글은 현재 세계 최고의 성능을 자랑하는 수퍼컴퓨터로 1만 년이 걸리는 연산을 단 200초 만에 해결할 수 있는 양자컴퓨터 기술을 개발하고 있다고 밝힌 바 있다. 이에 대해 보스턴컨설팅그룹은 양자컴퓨팅은 실시간으로 수억의 거래 데이터를 처리할 수 있어 다양한 분야에서 활용될 것으로 전망했다. 금융 분야는 물론 대규모 물류 배송 시스템 최적화, AI 연구, 교통 패턴 분석, 응용 화학, 에너지 등의 분야에서 활용될 것이라는 것이다. 그런 상황이 현실화되면 당장 일자리를 잃게 되는 사람들은 어떻게 살아갈 것인가 하는 문제가 대두되지 않을 수 없다. 이와 같이 4차 산업혁명은 업무방식의 획기적인 변화로 일자리 지형을 뿌리째 흔들어 놓는다. 이런 상황에서는 인력의 직무역량도 변해야 살아남을 수 있다.

디지털 역량을 갖추어야 살아남는다

디지털 전환의 시대에는 디지털 역량을 갖추어야 나라도 사람도 경쟁력을 갖는다. 유럽연합 집행위원회(EC) 산하의 공동연구소 중 하나인 IPTS(Institute for Prospective Technological Studies)는 디지털 시대를 살아가는 시민들이 사회에서 적절한 역할을 수행하기 위해서는 디지털 도구와 환경에 대한 지식과 기술, 자세 등을 갖추어야 한다고 강조했다. 그러한 디지털 역량을 갖추고자 하는 것은 4차 산업혁명 시대를 살아가는 시민의 권리이자 요구라고도 했다.

디지털 시대에 요구되는 역량으로는 '창의적 사고', '융합적 사고', '비판적 사고', '혁신적 사고' 등의 사고력을 꼽는데 이러한 능력은 시민들 스스로의 노력만으로는 갖추기가 어렵다. 이 지점에서 정부와 정치인들의 역할이 대두되는 것이다. 정치지도자들은 국민들이 이러한 능력을 갖추어 경쟁력을 가질 수 있도록 제도와 환경을 만들어야 한다.

나아가 지도자들은 지금 역동적으로 진행되고 있는 디지털 전환으로 창출될 부가가치를, 생업을 잃거나 아예 일할 기회조차 얻지 못하는 사람들에게 효율적이고 공정하게 재분배해야 할 책임도 안고 있다. 국민들을 위한 사회안전망을 구축하면서 동시에 기업의 지속적인 혁신과 투자를 독려할 수 있는 여건을 갖춰 주어야 한다.

정치와 선거에도 도입되는 디지털 전환

4차 산업혁명은 전 세계의 산업구조 및 시장경제에 막대한 영향을 미치고 있고, 디지털 전환은 사회의 모든 영역에서 급속하게 진행되고 있다. 특히 코로나19로 인해 면대면 중심이었던 오프라인 사회관계가 온라인 비대면 중심으로 급속히 재편되는 데도 크게 기여하고 있다.

기업이나 공공기관에서 온라인 비대면 화상회의는 일상이 되었으며, 각급 학교와 사회단체에서 비대면 강의와 웨비나(web과 seminar의 합성어) 등도 일반화되고 있다. 사회적 거리두기가 장기화되면서 e-커머스, 음식의 온라인 주문, 모바일 금융 등 비대면 경제도 활성화되고 있다. 영화나 드라마 등의 동영상 사이트 접속률이 올라가고 시청자 수도 폭등하고 있다. 종교 활동도 비대면이 증가하여 온라인 예배가 일상이 되고 있다. 이런 상황에서 정치와 선거 또한 그 영향권에서 벗어날 수 없다.

코로나19의 전 지구적 확산은 과거에 개발되었으나 사회의 인식 부족으로 사용하지 못했던 다양한 디지털 정치 관련 기술들의 상용

화를 앞당기고, 그 활용 범위를 폭발적으로 넓힐 것이다. 디지털 전환은 행정부에서 전자정부화로 먼저 이루어지고 있다. 전자정부는 정보통신기술을 기반으로 대국민 행정서비스를 능률적이고 효과적으로 제공하는 미래형 정부라 할 수 있다. 우리 정부의 전자정부 서비스는 통합 전자민원창구와 기업민원 단일창구를 비롯해 국세청, 조달청 등에서 활발하게 이루어지고 있다.

UN은 2002년부터 2년마다 전체 회원국의 전자정부 수준을 평가하고 있는데, 우리나라의 전자정부서비스는 2010년, 2012년, 2014년에 UN의 전자정부 평가에서 3회 연속 1위를 차지한 이래 지금까지 계속 최상위권을 유지하고 있다.

2020년 8월 러스트벨트에 속하는 위스콘신주 밀워키에서 치러진 미국 민주당 전당대회는 사회적 거리두기를 지키면서 비대면 온라인 중계로 진행되었다. 이 전당대회에서 조 바이든과 카멀라 해리스(Kamala Harris)가 민주당의 대통령, 부통령 후보로 지명되었는데 민주당의 발표에 의하면 텔레비전 시청자와 사회관계망서비스(SNS) 등 디지털 시청자를 합쳐 모두 2,890만 명이 대회를 지켜봤다고 한다. 조 바이든 후보는 이 디지털 전당대회를 가리켜 "미래를 위한 본보기"라고 말했다.

트럼프 전 대통령은 전 세계 지도자 중 가장 열정적으로 트위터를 이용하는 인물이다. 그는 재임 중 주요 정책이나 중요한 인사 등을 성명이나 보도자료가 아닌 트위터를 통해 밝혔다. 심지어 장관이나 백악관 참모를 해고할 때도 그 결정을 본인에게 알리기 전 트위터에 먼저 게재할 정도였다. 그의 전성기에 트위터 팔로워 수는 9천만 명에 육박하기도 했다. 트럼프는 디지털 정치의 선구자라 할 수 있다.

우리 정당들도 당 지도부를 선출하는 전당대회를 온라인 비대면으로 치르고, 대선후보 선출을 위한 순회 경선투표도 온라인으로 전환한 바 있다. 최근에 치러진 큰 선거도 SNS, 유튜브 등 디지털 기술을 활용한 운동방식을 적극 도입하고 있다. 정치권에서도 선거운동, 화상토론, 여론수렴, 정책결정, 전자투표, 유권자 분석, 홍보 등의 활동에 있어 디지털 전환은 가속화될 전망이다. 우리 정당 중에도 메타버스 공간에 당사를 마련하고 가끔 최고위원회의를 여는 당까지 생겼다. 디지털 민주주의시대가 열리고 있는 것이다. 정치인도 디지털 역량을 갖추지 못하면 살아남기 힘든 세상이다.

미시환경 분석

미시환경은 특정 후보자 가까이에서 선거의 결과에 긍정적 또는 부정적 영향을 미치는 요인들을 말한다. 서두에 지피지기(知彼知己)면 백전불태(百戰不殆)라고 했듯 전쟁에서 패하지 않으려면 자신과 상대방, 그리고 지근거리에서 당락에 영향을 미칠 요소들에 대해서는 면밀하게 살펴 볼 필요가 있다.

그러한 미시적 요인들로는 후보자 자신과 소속정당, 선거구, 유권자, 경쟁후보와 소속정당 등이 있다. 후보자 자신에 대한 분석 외에는 앞 장에서 직·간접적으로 언급한 바 있고, 거시환경 분석에서 언급한 사항들을 보다 더 상세한 수준으로 각자가 처한 여건에 맞추어서 살펴보면 되겠다.

이 장에서는 후보자를 중심으로 한 SWOT 분석을 통해 미시환경을 평가하는 방법을 언급하고자 한다. SWOT 분석은 자신을 중심으로 외부환경과의 관계라는 틀을 통하여 상황을 평가하는 것이므로 종합적이고 실질적인 미시환경 분석이라 할 수 있다.

후보자와 소속정당 분석

후보자 자신과 소속정당에 대한 분석은 필수적이다. 후보와 정당이 어떤 관계에 놓여 있는지를 파악하는 것 또한 선거 전략을 수립할 때 꼭 필요한 과정이다.

후보자의 이미지가 소속정당의 이미지와 잘 맞고 조화로운지, 아니면 후보자의 이미지나 명성, 평판에 비해 정당의 이미지가 부족한 것은 아닌지 등의 분석이 필요하다. 반대로 정당의 위상에 비해 후보자가 부족할 수도 있다. 그것이 이념상의 문제라든지 경력의 문제일 수도 있겠는데, 그런 경우에도 서로 도움이 될 수 있는 방향으로 전략을 세워야 한다. 가장 바람직한 것은 후보자와 소속정당이 서로 원원하는 관계이다.

그런 점에서 SWOT 분석은 대단히 유용하다. 후보자 자신에 대한 SWOT 분석은 물론 소속정당에 대한 분석을 각각 유권자의 입장에서 진행해 보면 전략 수립의 방향, 필승전략의 방안이 선명하게 드러난다. 너무나 알려진 SWOT 분석이지만 그 활용방법에 따라 엄청난 효과를 얻을 수도 있다.

SWOT 분석은 오래된 분석방법이지만 지금도 세계 첨단기업들이 전략 수립에 적극 활용하는 것을 보면 그 가치를 짐작할 수 있다. '기본으로 돌아가라!'(Back to Basics!), 동서고금을 막론하고 위기를 맞이했을 때 통하는 금언이다.

경쟁후보자와 소속정당 분석

예상되는 경쟁후보와 소속정당에 대한 분석 또한 필수적이다. 우선 경쟁후보에 대한 기초조사가 필요하다. 경쟁후보의 인물 됨됨이, 경력, 평판, 정치적 견해와 활동, 인맥, 지연, 학연, 혈연, 자금 등에 대한 분석은 기본적으로 필요하다. 그 외에도 주요 지지지역과 계층, 예상 공약과 예상 득표율도 가능한 한 분석해 봐야 한다. 주요 지지기반이 우리 측과 중복되는 곳은 없는지도 꼭 살펴봐야 할 대목이다.

앞에서 언급한 것처럼 경쟁후보와 소속정당의 관계도 대단히 중요하다. 후보자의 당내에서의 입지, 후보자와 소속정당의 주장과 이미지가 조화롭고 보완관계에 있는지, 아니면 괴리가 있는지 등도 조사해 볼 필요가 있다. 그러한 분석을 통해서 경쟁자의 취약점을 찾아내어 차별적 우위에 설 수 있는 핵심전략을 구축해야 한다.

경쟁후보자와 정당을 살펴보는 데도 SWOT 분석은 대단히 쓸모가 있다. 경쟁후보자에 대한 SWOT 분석은 물론 그 후보의 소속정당에 대한 분석을 각각 유권자의 입장에서 진행해 보면 상대의 어디를 어떻게 공격하고, 어떤 방어논리로 자신에 대한 공격을 무력화시킬지도 분명해진다.

SWOT 분석

이제 본격적으로 SWOT 분석을 논의해 보자. SWOT 분석은 원래 기업을 위해 개발된 분석방법이다. 기업들이 마케팅 전략을 수립할 때 당면한 경영환경요인들을 강점(strength), 약점(weakness), 기회(opportunity), 위협(threat) 요인별로 나누어 평가하는 기법이다. 이 기법은 선거 전략 수립을 위한 상황분석에도 상당한 진가를 발휘하는데 전략가들이 실전에서 대단히 유용하게 사용하는 방법이다. SWOT 분석은 내부, 즉 후보자 자신의 역량(강점과 약점)과 외부 환경(기회와 위협)을 동시에 살펴볼 수 있어 매우 위력적인 분석방법이자 전략 수립 방안이다.

SWOT 분석의 세부요소

강점

후보자가 갖추고 있는 역량 중에서 선거에 유리하게 작용할 수 있는 장점을 말한다. 후보자의 이미지와 경력, 업적, 리더십, 출신지역, 성장과정, 화제가 될 수 있는 개인적인 일화 등이 포함될 수 있다.

약점

강점과 반대로 후보자가 갖고 있는 특성 중에서 선거운동 과정에 불리하게 작용해서 상처를 입힐 수 있는 요소를 말한다. 강점에서 끔은 후보자의 이미지와 경력, 업적, 리더십, 출신지역, 성장과정, 개인적인 일화 등에 부정적 측면이 있을 때는 바로 약점이 될 수도 있다. 따라서 강점과 약점은 어떻게 상황에 맞추어 활용하느냐에 따라 약이 될 수도, 반대로 독이 될 수도 있는 것이다.

기회요인

외부상황이 후보자에게 유리한 상황을 기회라고 한다. 예를 들어 2016년에 세상에 드러난 박근혜-최순실 게이트와 이어서 2017년 3월에 있었던 박근혜 대통령 탄핵은 19대 대통령 선거에서 당시 야당이었던 더불어민주당 문재인 후보에게 엄청난 기회요인이었다.

위협요인

외부상황이 후보자에게 불리한 상황을 위협이라고 한다. 앞서 예로 들은 박근혜-최순실 게이트와 박근혜 대통령 탄핵은 당시 여당이던 자유한국당에는 대단히 불리한 위협요인이었다. 그러나 문재인 정부의 부동산정책 실패와 LH 직원들의 부동산 투기로 불거져 나온 LH 사태는 2021년의 4·7 재보선에서 더불어민주당 후보들에게 엄청난 위협요인이었던 반면, 국민의힘 후보자들에게는 모처럼의 기회요인이었다. 이렇듯 기회와 위협요인은 같은 사안이라도 후보자들의 처지에 따라 반대로 작용할 수 있는 것이다. 상대의 불행이 나의 행복이 되는 경우이다.

2020년 미국 대선 후보 SWOT 분석

20세기 이후 미국의 역대 대통령 가운데 트럼프(Donald Trump) 대통령만큼 평가가 엇갈리는 인물도 없을 것이다. 트럼프 대통령을 바라보는 미국 유권자의 시각은 극단적인 호, 불호로 나뉘어 있었다. 그런 상황 때문에 미국 대선을 관찰하는 사람들에게 그의 재선 도전은 그 자체가 대단히 흥미로운 일이 아닐 수 없었다. 2020년의 미국 대선은 그런 측면 때문에 반추해서 분석해 볼 가치가 있다.

결과는 조 바이든(Joseph Biden)의 승리로 끝났지만, 애초 예상처럼 민주당의 낙승이 아니라 트럼프가 상당히 선전한 것으로 나타

2020년 미국 대선 후보 SWOT 분석 1: 트럼프 후보

- 현직 대통령의 재선 도전
  (20세기 이후 미국 현직 대통령의
  재선 실패는 3번뿐)
- 일부 공화당 성향 유권자의
  열광적인 콘크리트 지지 기반
- 일부 유권자들의 재임 중 경제는
  성공시켰다는 인식
- 강경한 대중국 무역외교 자세
- 불법이민자에 대한 강경한 대처
- 정치인 출신이 아니라는 점

- 코로나19에 대한 부적절한 대응
- 의심받는 정직성과 도덕성
- 국정운영방식에 대한 비판과 높은
  피로감
- 민주당과 논쟁하고 싸우기만 하는
  이미지
- 경쟁상대와 언론 및
  지식인 집단에 대한 공격적 성향
- 인종차별적 정책
- 의회와의 불편한 관계
- 중도층 일부의 트럼프식
  분열 정치에 대한 염증
- 친 이스라엘 성향

- 경선 초반 민주당 후보자의 난립
- 일부 유권자의 바이든의
  능력에 대한 불신
- 바이든이 고령이라는 점
- 바이든이 나은 대안이 아니라는
  일부 유권자의 인식

- 집권기간 내내 낮았던 국정 지지도
- 코로나19의 확산으로 성장률 둔화,
  실업률 급증 등 경기악화
- 전통적 공화당 지지 세대인 노인층 이반
- 지난 대선에서 승리했던 일부
  경합 주에서의 민주당 약진
- 조지 플로이드 사건으로 인종차별
  반대시위 확산
- '미국 우선주의'가 국제사회에서 미국
  영향력을 약화시켰다는 평가
- 바이든의 오랜 정치 경험
- 다수 유권자의 바이든이 나라를
  안정시킬 것이라는 기대
- 둘 중 바이든이 그나마 나은 쪽이라고
  여기는 유권자 인식

2020년 미국 대선 후보 SWOT 분석 2: 바이든 후보

- 부통령, 상원의원 등 50년의 화려한 정치 이력과 풍부한 국정 경험
- 안정적인 이미지
- 높은 대중적 인지도
- 중도성향 이미지
- 대선에서 중요한 '경합주' (swing state)에서의 경쟁력
- 트럼프 캠프보다 풍부한 선거자금

- 77세 고령이 갖는 구세대 이미지
- 오랜 정치경력의 기성 정치인 이미지
- 경선 과정에 드러난 빈약한 토론 능력
- 자신을 상원의원 후보로 지칭하는 등의 잦은 실언

- 비대면 미디어 중심 선거운동 강화
- 경제 회복에 대한 유권자의 기대심리
- 반 트럼프 정서와 "트럼프가 아니다"라는 인식
- 중도적이고 포용적이며 절제된 선거운동
- 전통적 공화당 우호세력인 노인층 지지확보
- 카멀라 해리스 부통령후보 지명으로 유색인종과 여성 유권자에 접근
- 트럼프에 우호적이었던 중서부 백인 노동자 계층의지지

- 바이든 부자에 대한 '우크라이나 스캔들'의 쟁점화.
- 과거 흑백 인종통합 교육에 반대했다는 논란.
- 78세로 취임하면 미 역사상 최고령의 대통령
- 치매 의혹
- 성추행 논란

났다. 바이든 후보가 역대 미국 대선 당선자 중 최다 득표를 했지만, 트럼프도 2016년 선거에 비해 500만 표 이상 더 얻어 역사상 최다 득표한 패자가 되었다. 대통령 후보로서 트럼프는 패배했지만, 공화당 내 트럼프의 막강한 영향력을 확인할 수 있었던 선거였다. 이렇게 선거를 마무리 지은 트럼프와 바이든 후보를 당시의 시각으로 SWOT 분석해 보면 선거에 대해 상당한 지혜를 얻을 수 있을 것이다.

2020년 미국 대선 후보 SWOT 분석을 통해 보면, 핵심 포인트는 명확해진다. 바이든 후보의 강점과 기회요인은 상대후보인 트럼프에게 위협요인이 되고, 바이든의 약점과 위협요인은 고스란히 트럼프의 기회요인이 된다. 예를 들어 바이든의 안정적 이미지와 중도성향 이미지, 풍부한 선거자금은 트럼프에게 그대로 위협요인이 되는 식이다. 이렇게 분석해 보면 해당후보가 어떤 선거 전략을 세워야 할지가 명확해진다.

SWOT 믹스 전략

이제 본격적인 전략으로 선거운동 과정에서 부딪치게 되는 문제해결을 위해 상황에 따라 후보자 역량 두 가지(강점, 약점)와 외부요인 두 가지(위협, 기회)를 연결하여 총 4가지 전략을 세울 수 있다. 상황분석 자료를 바탕으로 후보자의 강점은 부각시키는 반면, 약점의 영향은 줄이고, 기회는 최대한 활용하며, 위협은 억제하는 전략적 방안을 도출해 내는 것이다. 이 전략이야말로 SWOT 분석의 진정한 목적이라고 할 수 있다. 전략의 조합은 다음과 같다.

SWOT 믹스 전략의 조합

1. SO 전략 (강점-기회전략)
후보자의 강점을 살려 승리의 기회를 잡는 전략.

2. ST 전략 (강점-위협전략)
후보자의 강점을 살려 위협을 피해 가거나 최소화하여,
위기상황을 돌파하는 전략.

3. WO 전략 (약점-기회전략)
후보자의 약점을 보완하여 기회를 살리는 전략.

4 WT 전략 (약점-위협전략)
후보자의 약점을 보완하여 위협을 회피하거나 최소화하여
위기를 극복하는 전략

예를 들어 바이든 후보는 자신의 풍부한 국정 경험과 안정적 이미지를 내세워 반 트럼프 정서를 자극하였다. 또 여성이자 흑인인 카멀라 해리스를 부통령 후보로 지명함으로써 여성과 유색인종 유권자에게 다가가는 동시에 과거 흑백 인종통합 교육에 반대했다는 논란을 잠재웠다. 이런 식으로 자신의 강점과 기회요인을 적극 활용하여 약점을 보완하고 위협을 최소화하여 승리에 성큼 다가갔다.

SWOT 분석과 SWOT 믹스 전략은 이런 식으로 실제상황을 상정하고 후보자에 대한 사항들을 직접 조목조목 작성해 나가면 그 유용성을 느낄 수 있다. 선거의 참여자와 참여정당 각각에 대한 SWOT 분석과 모의 SWOT 믹스 전략 수립은 중요하다. 후보자와 후보자의 소속정당, 후보자와 경쟁후보자, 경쟁후보자와 소속정당 관계에 대한 분석을 통해 우리 후보자의 강점은 최대화하고 약점은 최소화할 수 있는 필승전략을 수립할 수 있다.

선거구와 유권자 분석

선거구는 대통령 선거와 국회의원 선거, 또는 지자체장과 지자체의원 선거, 기초의원 선거에 따라 분석단위가 달라진다. 그러나 기본적인 분석방법은 크게 다를 것이 없다.

우선 거시환경 분석에서 잠깐 살펴본 것처럼 선거구의 인구통계 분포를 살펴봐야 한다. 인구통계 분석은 모든 조사의 시발점이다. 선거구의 성별, 연령별, 지역별, 학력별, 소득별, 직업별, 종교별 인구분포와 과거 선거에서의 당선자와 각 후보자의 득표율을 분석해 봐야 한다.

그리고 유권자들의 과거 지역별 투표성향, 정치적 성향, 투표율 등을 파악해 보면 자신이 어디에 주력해야 할지를 알 수 있다. 유권자 조사를 통해 유권자의 의식과 태도를 과학적으로 분석해 보면 유권자의 필요와 욕구를 파악할 수 있다. 그 분석에는 당연히 유권자들이 원하는 후보자의 이미지와 자질, 원하는 정책, 공약사업, 후보 선택기준 등도 포함되어야 한다.

그리고 선거 전에 크게 부각되는 이슈와 쟁점에 대한 유권자의 여론이 어떻게 흘러갈 것인지에 대해서도 모든 수단을 동원해서 예측하고 시나리오별로 대책을 마련해야 할 것이다. 2021년 말 현재 진행되고 있는 '대장동 게이트'를 둘러싼 논란은 20대 대선 결과에 지대한 영향을 미칠 것으로 예상된다. 각 정당은 사활이 걸려 있는 이 문제에 냉철하면서도 전략적인 대처를 해야 할 것이다. 그러나 지금 현재 드러나는 양대 진영의 대응방식은 전혀 전략적이지 못해서 대단히 불안해 보인다. 쟁점 외에도 요즘 급변하고 있는 신세대의 라이프스타일이 선거에 어떤 영향을 미칠지, 선거에 대한 유권자의 관심과 예상 투표참여율 등도 가늠해 봐야 한다.

6장

유권자 세분화
나눌수록 커진다

———

당신이 세분화를 생각하고 있지 않다면,
당신은 생각하지 않고 있는 것이다.

시어도어 레빗
(Theodore Levitt)

선거는 어차피 득표율의 게임이다. 가능한 한 지지자를 많이 확보하고 그 지지자들을 투표에 참여하게 해서 가장 많은 표를 얻은 후보가 당선에 이른다. 선거 당일의 유효투표에서 가장 많은 득표를 한 후보가 승자가 되는 것이다. 여기서 핵심은 높은 지지율 확보와 그들의 투표 참여이다. 우선 많은 지지자를 확보해야 하고, 다음은 그 지지자들이 마음으로의 지지에만 그치지 않고 투표장으로 향해야 하는 것이다.

어떤 경우에도 선거는 유효투표의 50% 이상만 확보하면 이긴다. 그러나 대부분의 선거는 출마자가 다수이므로 50%를 못 얻더라도 최다 득표를 한 사람이 승자가 된다. 선거에 나선 사람들은 가장 많은 표를 얻기 위해 최선의 노력을 하게 마련인데, 각자 조건과 처한 상황이 다르겠지만 문제는 제약을 받을 수밖에 없는 선거자원이다. 선거자원은 선거자금과 동의어이다. 선거운동에 필수적인 인적 자원도 결국은 비용이 수반되어야 한다. 따라서 제한된 선거자금을 얼마나 효율적으로 사용하는가 하는 것이 승패의 관건이 된다.

그래서 유권자 세분화 전략이 필요한 것이다. 비용이든 사람이든
선거에 필요한 역량을 선거전에 투입할 때, 그 대상이 해당 선거구의
유권자 전체일 필요는 없다. 가장 적은 자원의 투입으로 득표할 수 있는
유권자를 선별해서 설득하는 것이 유권자 세분화 전략의 핵심이다.

　유권자 세분화 전략은 크게 세분화(segmentation), 타게팅(targeting),
포지셔닝(positioning)의 3단계로 이루어진다. 우선 유권자들을 동질적인
소집단으로 나누는 것이 세분화이다. 여기서 동질적이라 함은 비슷한
정치적 욕구를 가졌거나 후보자와 소속정당이 내보내는 자극(후보자의
이미지, 공약, 비전 등)에 대해 비슷한 반응을 보이는 소집단을 말한다.
세분화의 기준은 다양하지만 기본적으로는 성별, 연령, 지역, 직업, 이념
등이 많이 쓰인다. 선거에 흔히 등장하는 '텃밭 지역'과 텃밭이 아닌
지역으로 나누는 것은 기초적인 세분화의 사례라고 할 수 있다. 그런 다음
공략할 세분집단을 선정하고(타게팅), 그 세분집단에 속한 유권자들의
마음에 후보자의 좋은 이미지를 각인(포지셔닝)시키는 과정으로 이어진다.

트럼프의 승리는 세분화 전략의 승리

유권자 세분화 전략의 극적인 성공사례로 2016년 미국 대선에서 트럼프의 승리를 꼽을 수 있다. 당시 공화당의 트럼프 후보가 민주당의 힐러리 후보를 누르고 당선될 것을 점친 사람은 찾아보기 힘들었다. 거의 모든 여론조사에서 선거 막바지까지도 힐러리가 계속해서 근소한 차이로 앞서 있었던 만큼, 결과 역시 그렇게 나오리라고 예상했던 이들이 대부분이었다.

트럼프는 백인 유권자를 최대한 결집시키는 전략을 구사했다. 특히 '러스트벨트 지역'(rust belt: 펜실베이니아, 오하이오, 미시간, 위스콘신 등 중서부의 쇠퇴한 공업지대)에 많이 거주하는 저학력, 저소득의 보수적인 백인 유권자를 타겟으로 설정하고 공략했다. 트럼프는 강력한 보호무역, TPP(Trans-Pacific Partnership Agreement, 환태평양경제동반자협정) 비준 반대와 FTA(Free Trade Agreement, 자유무역협정)의 전면 재검토 등 무역협정의 재협상과 반(反) 이민정책 등을 내세워 경제를 살리겠다는 공약을 내세웠다. 트럼프는 그런 방식으로 일자리 위협에 시달리던 사람들의 표심을 움직인 것이다.

러스트벨트는 1992년 대선 이후 단 한 번도 공화당을 지지하지 않왔던 민주당의 텃밭이었다. 그랬던 백인 노동자 계층의 표심이 트럼프에게로 돌아선 것이었다. 기존 정치세력에게 소외당했다고 느낀 이들은 일자리를 되찾아주겠다고 약속하는 트럼프에게 공감해 지지를 보낸 것이다. 유권자 세분화 전략의 승리였다. 그 와중에 힐러리 클린턴 민주당 후보의 지지자들은 선거 막판에 터진 '이메일 스캔들'에 실망해 투표를 포기한 사람들이 많았다. 트럼프는 2016년 민주당의 아성이던 위스콘신에서 0.8%포인트, 미시간에서 0.2%포인트, 펜실베이니아에서 0.7%포인트 등 1%포인트에도 못 미치는 득표율 차이로 신승을 거두었다.

그러나 트럼프는 그렇게 훌륭한 전략으로 어렵사리 얻은 승리를, 4년 후 자신과 똑같이 유권자 세분화 전략으로 공격해 온 바이든에게 무력하게 반납하고 만다. 2020년에는 정반대의 상황이 벌어졌다. 트럼프는 위스콘신과 미시간에서 바이든에게 각각 0.7%포인트, 2.5%포인트 차이로 패배했다. 펜실베이니아에서도 개표 막판에 역전패 당했다. 러스트벨트의 변심은 판세를 잘못 읽은 트럼프의 코로나19 대처 실패에 기인한다. 위스콘신과 미시간 등 북부에선 대선 직전인 10월 이후 코로나19의 확산세가 강해졌다. 위스콘신의 경우 5일 하루에만 6천 명에 육박하는 감염자가 나왔다.

이런 상황에서 상황 변화를 읽지 못한 트럼프의 "방역보다 경제가 우선"이라는 메시지는 4년 전과 달리 유권자를 설득하지 못했다. 그래서 2020년 미국 대선은 상황 분석부터 총체적으로 복기하면 많은 교훈을 얻을 수 있는 선거이다.

유권자 세분화의 요건

선거운동을 하면서 지역구 내의 모든 유권자들에게 후보자가 직접 만나 메시지를 전달할 수는 없다. 그럴 필요도, 여유도 없다. 어차피 설득하지 못할 유권자는 아예 만나거나 간접적으로 접촉할 필요조차 없다.

같은 논리로 절대적인 지지자나 절대적인 상대후보 지지자도 일단 접촉 우선순위에서 제외하는 것이 효율적이다. 그것이 유권자 세분화의 출발점이다. 유권자 세분화는 자원의 효율적 배분과 투입이 생명이다.

유권자 세분화가 제대로 작동하려면 그 기준이 몇 가지 전제조건을 충족해야 한다. 그 요건들은 ① 측정가능성(*measurability*), ② 접근가능성(*accessibility*), ③ 실질성(*substantiality*), ④ 행동가능성(*actionability*)이다.

유권자 세분화의 세부요건

1. 측정가능성

측정가능성은 전체 유권자를 세분화한 다음에 각 세분단위의 크기, 즉 유권자의 숫자를 파악할 수 있느냐의 여부이다. 유권자의 숫자를 파악할 수 없다면 세분화는 의미가 없다.

2. 접근가능성

세분단위에 포함된 유권자에게 최소한의 경비와 노력으로 다가갈 수 있어야한다. 다시 말해 선거운동을 통해 유권자에게 메시지를 전달하고 설득할 수있어야 한다. 접근이 불가능한 유권자 그룹은 세분집단으로서의 가치가 없다.

3. 실질성

세분화된 각 유권자 그룹은 당락에 영향을 미칠 만큼 충분한 숫자가 되어야한다. 숫자가 너무 작은 세분단위는 설사 확보한다 하더라도 전략적으로 의미가 없다.

4. 행동가능성

세분화된 유권자 그룹에 대해 후보자가 갖고 있는 선거운동 수단으로 공략이가능한가의 문제이다. 보유하고 있는 선거운동 방식으로 설득이 불가능하다면 그런 세분화 역시 의미가 없다.

>>>> ⟶

유권자 세분화의 기준

유권자 세분화의 요건을 충족한다면 이제 구체적으로 유권자를 세분화할 기준을 살펴보자. 유권자 세분화의 기준은 다양하다.

지리적 세분화

지리적 위치에 의한 유권자 세분화는 세분화 전략의 가장 기본이 되는 방법이다. 지리적 변수의 영향에 의하여 유권자의 투표성향이 달라진다면 그것은 유권자를 나누는 기준으로서 상당한 의미를 갖게 된다. 우리나라 선거에는 1970년대부터 '지역감정'이라는 것이 상당히 중요한 변수로 작용해 왔다. 그러한 영향은 내용은 좀 변했지만 지금까지도 크게 변하지 않고 이어진다. 구체적인 사례로 우리나라 역대 대선의 득표율을 분석해 보자. 득표율 상위 세 후보의 득표를 지역별로 나누어 살펴보면 우리나라 선거의 지형이 보인다.

〈그림〉 '역대 대선 후보의 지역별 득표율'에서는 7대, 13대, 15대, 17대 대선에서 상위 득표자 세 후보가 전국, 강원, 전북, 경북에서 얻은 득표율을 비교했다. 단, 13대 대선에서는 김영삼 후보의

역대 대선 후보의 지역별 득표율

단위: %

19대 대통령 선거

	문재인	홍준표	안철수
전국	41.1	24.0	21.4
전북	64.8	3.3	23.8
경북	21.7	48.6	14.9

17대 대통령 선거

	이명박	정동영	이회창
전국	48.7	26.2	15.1
전북	9.0	81.6	3.6
경북	72.6	6.8	13.7

15대 대통령 선거

	김대중	이회창	이인제
전국	40.3	38.8	19.2
전북	92.3	4.5	2.1
경북	13.7	61.9	21.8

13대 대통령 선거

	노태우	김영삼	김대중
전국	36.6	28.0	27.1
전북	14.1	1.5	83.5
경북	66.4	28.2	2.4
부산	32.1	56.0	9.1

7대 대통령 선거

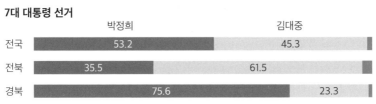

	박정희	김대중
전국	53.2	45.3
전북	35.5	61.5
경북	75.6	23.3

확고한 정치기반이 부산이었던 관계로 자료를 넣었고, 7대 대선은 양강 구도가 확실했던 선거였으므로 상위 두 후보의 자료만 인용했다.

몇몇 선거의 득표율 자료만 얼핏 살펴봐도 우리나라의 대선이 1971년 7대 대선 이후 지역정서에 물들어 왔다는 것을 알 수 있다. 과거에는 후보자의 출신지역에 따라서 주로 지역편향성이 드러났지만, 근자에 와서는 이념이나 정당에 따라서 지역정서가 표출되는 양상을 보이고 있다. 과거에는 지역감정이 영남과 호남을 중심으로 존재했다면, 근년에 와서는 다른 지역들도 자기지역 출신 후보에 보다 많은 표를 던지는 성향을 보이기도 한다. 지역갈등은 세대 간의 교육을 통해서 대물림하는 경향까지 보이고 있다.

이 책은 망국병인 지역감정이 아니라 선거운동의 기술에 관해 논하고자 하는 것이므로 그런 관점에서만 현상을 바라보고자 한다. 선거운동의 효율성 면에서 이야기하자면 특정 후보자를 지지하는 지역에서 표를 더 얻는 것이 경쟁후보를 더 지지하는 지역의 표를 가져오는 것보다는 쉬울 것이다. 따라서 선거 전략을 수립할 때 지리적 세분화는 기본으로 하되, 자신에게 유리한 지역을 찾아내어 집중해야 할 것이다.

지역의 편향성은 전국 단위의 대통령 선거에서 더욱 뚜렷하게 드러나지만, 지자체나 국회의원 선거에서도 지역에 따라 편차는 있지만 지역감정은 어디에나 존재한다. 따라서 세분화 전략을 수립할 때 지리적 세분화는 항상 기본으로 생각해야 한다. 지리적 변수로는 거주지역 외에도 도시의 규모, 인구밀도, 기후 등도 사용된다.

인구통계적 세분화

인구통계적 변수에 의한 유권자 세분화는 유권자의 특성 중에서도 객관적으로 측정할 수 있는 연령, 성별, 직업, 소득수준, 교육수준, 종교, 가족규모, 가족의 생활주기 단계를 이용하여 전체 유권자를 작은 단위로 나누는 방안이다.

인구통계적 변수는 유권자의 투표성향과 밀접하게 관련된 경우가 많고, 측정하기도 비교적 용이하기 때문에 세분화 변수로 흔히 사용되고 있다. 예를 들어 최근에 부각되는 MZ세대는 디지털 환경에서 자랐고 독립적이며 개인주의적 성향을 갖고 있어 기성세대와는 다른 정치적 성향을 보이므로 접근에 각별한 주의를 기울여야 한다는 식이다. MZ세대는 자기 자신의 생각을 적극적으로 표출하므로 숫자에 비해 여론에 미치는 영향력이 크기 때문이다.

가족의 생활주기 단계도 중요한 세분화 변수이다. 가족의 생활주기는 젊은 층, 중년층, 노년층으로 나눌 수 있다. 노년층 가정의 경우 아직도 가장의 권위가 집안에서 압도적인 경우가 많고 대개 보수적 정치성향을 보인다. 심지어는 가족 전체의 투표를 가장이 결정하는 사례도 빈번하다. 그와 달리 젊은 층 가정의 경우에는 부부가 각기 다른 정치성향을 보이는 경우도 허다하다.

따라서 인구통계적 변수를 잘 활용하여 단수는 물론 복수의 변수를 동시에 고려하면 보다 설득하기 쉬운 유권자그룹에 다가갈 수 있다. 예를 들면 여성, 20대 초반, 중위소득층, 대학졸업 그룹이라든가, 50대, 남성, 저소득층, 저학력 그룹 등으로 세분화할 수 있는 것이다.

심리분석적 세분화

심리분석적 세분화는 사회계층, 정치이념, 라이프스타일, 동기, 사회적 이슈에 대한 견해 등과 같이 개인의 고유특성 중에서 투표에 영향을 미치는 심리적 특성을 기준으로 유권자를 소집단으로 나누는 방법을 말한다.

사회계층

사회계층은 전통적으로 많이 사용하던 세분화 기준으로, 학자들에 따라 그 분류법은 조금씩 다르지만 대개 상류, 중류, 하류로 나누고 그 각각에서 또 상, 중, 하로 나눈다. 사회계층은 그 부류에 속한 사람들에게 여러 가지로 영향을 미친다. 개인의 언어 구사력이나 사회화, 교육기회, 매체이용 습관 등 많은 것들이 계층의 영향을 받는데, 정치성향도 마찬가지이다. 흔히 중류, 상류 계층은 보수적 경향이 강하고, 반대로 하류층은 진보적이고 개혁 지향적이라고 알려져 있다.

그러나 그 안을 더 들여다보면 꼭 그렇게 일률적으로 작용하는 것은 아니다. 사회계층과 소득은 상관성은 높지만 항상 같이 가는 것은 아니다. 과거의 예를 보면 상류층이나 그 자손이 진보적 경향을 띠는 경우도 자주 관찰되며, 하류층 출신이 소득이 많아지면 보수 성향을 갖는 경우도 많이 찾아볼 수 있다. 사회계층 변수는 단순하게 적용할 것이 아니라 그때그때 사회분위기와 연계시켜 활용하면 예상외의 성과를 얻을 수도 있다.

요즘 우리 사회는 사회적 이슈인 부동산 문제를 놓고 상류층과 중, 하류층이 첨예하게 대립하는 상황을 보여주고 있다. 따라서 이런 변수는 복수 또는 다수로 연계해서 유권자를 세분화하는 데 활용할 수 있다.

라이프스타일

라이프스타일은 근자에 와서 많은 관심을 불러일으키는 세분화 변수이다. 라이프스타일은 한 개인의 활동(activity), 관심사(interest), 사회적 이슈나 정치현상에 대한 견해(opinion) 등에 나타나는 삶의 방식을 말한다.

최근에는 다양한 라이프스타일이 등장하고 있다. 특히 MZ세대는 기성세대와는 판이한 의식과 행동을 보여준다. 그들의 정치 성향을 좌우나 진보, 보수의 틀로 이해하기는 어렵다. 그들은 자신들이 옳다고 생각하는 사안에 대해 큰 목소리로 호응하고, 옳지 않다고 생각하는 문제에 대해서는 반대를 분명히 한다. 그들은 환경 문제와 여성의 사회적 지위 향상에 관심이 많고, 성소수자 문제에 대해서도 기성세대와는 다른 견해를 갖고 있다.

우리 사회는 2021년 4월 7일에 치러진 재보선을 통해 '불공정'에 분노하는 젊은 세대들의 목소리를 들은 바 있다. 그들은 투표를 통해 '젊은 층은 진보'라는 도식을 과감히 깨버렸다. 2021년 10월 현재 MZ세대를 비롯한 많은 유권자는 하늘 높은 줄 모르고 치솟는 아파트 가격과 '대장동 개발 의혹사건'이라는 사회적 이슈에 분노를 느끼고 있다. 이 문제의 향방은 2022년 3월에 치러질 선거에 결정적 영향을 미칠 것이다.

향후 선거에 임하는 사람들은 라이프스타일 세분화를 이용해 새로운 삶의 방식을 추구하는 젊은이들에게 다가가야 할 것이다. 최근에는 빅데이터를 이용해서 유권자를 극단적으로 세분화하는 마이크로타게팅 전략까지 등장하고 있다.

동기

동기는 한 개인에게 어떤 행동을 일으키게 하는 내적 요인을 뜻한다. 같은 행동을 하는 사람들도 동기는 다 다를 수 있다.

투표에 참여하는 사람들의 동기도 다양할 수 있다. 예를 들어 사회 정의를 구현하기 위해 투표하는 사람도 있고, 자기 자신이 지지하는 정당이나 후보를 당선시키기 위해 투표하는 사람도 있을 것이다. 특정 후보를 낙선시키겠다는 의도를 갖고 투표하거나, 정권교체를 이루어야겠다는 생각으로 투표하는 사람도 있을 것이며, 자신이 필요하다고 생각하는 숙원사업을 이루기 위해 그것을 공약으로 내건 후보의 당선을 위해 투표하는 사람도 있을 것이다.

동기를 기준으로 유권자를 세분화하면 그 동기를 충족시켜 줄 수 있는 메시지로 각 그룹의 유권자를 설득할 수 있다. 때로는 동기를 유발하는 것도 능동적인 세분화 전략이 될 수 있다.

정치적 성향

유권자를 지향하는 정치적 이념에 따라 세분화하는 것은 기본에 속한다. 정치적 이념은 대단히 복잡한 개념이지만, 대개 우리나라에서는 편의상 진보와 보수 그리고 중도로 분류한다.

우리나라에서의 정치적 성향은 대체로 정당에 대한 지지도와 궤적을 같이한다. 따라서 선거에 임하는 후보자의 처지에서는 유권자를 정치적 성향으로 세분화한다는 것은 자신을 지지하는 층과 지지하지 않는 층, 그리고 흔히 부동층으로 부르는 중도층으로 나누는 것이다. 그렇게 세분화하면 선거 전략의 구체적인 방향이 나온다.

어차피 지지하지 않는 유권자를 설득해서 지지하도록 설득하는 것은 매우 어려운 일이다. 따라서 지지층은 투표일까지 유지하고, 부동층을 설득해서 지지로 변화시키는 것이 선거운동의 기본이다. 정치적 성향으로 유권자를 세분화하면 각 그룹에 전해야 하는 메시지가 명확해진다. 같은 메시지로 모든 유권자를 설득할 것이 아니라, 상충하지 않는 한 각 세분 그룹에 가장 설득력 있는 메시지를 따로 전하는 것이 유권자 세분화 전략의 핵심이다.

행동 세분화

행동 세분화는 유권자의 특성에 따라 집단을 구분하는 것이 아니라 투표에 대한 유권자의 행동성향에 따라 세분화하는 것이다.

기대 혜택

기대 혜택은 유권자가 어떤 이득을 기대하고 투표에 임하는가를 기준으로 세분화하는 방법이다.

예를 들어 대통령 후보를 선택할 때는 민주주의 발전이나 경제성장 또는 복지혜택의 증대, 남북통일에 대한 기대 같은 좀 거창한 것들에서부터 지역현안이나 개인적 민원같이 세세한 이득이 중요한 결정요인이 될 수 있다. 따라서 기대 혜택으로 유권자를 세분화하면 각각의 세분화한 그룹에 어필할 수 있는 공약을 개발하여 설득할 수 있다.

지지 여부

지지 여부는 유권자가 과거 특정후보에게 투표한 적이 있는지 여부를 기준으로 유권자를 세분화하는 것이다. 이 방식은 처음으로 출마하는 후보에게는 해당되지 않는다. 처음 출마하는 경우에는 특정정당에 투표한 경험이 있는지의 여부로 세분화할 수 있다.

경영학의 이론에 따르면 한 번 구매한 고객을 재구매하도록 설득하는 것이 새로운 고객을 개발하거나 경쟁제품을 구매하던 고객을 전환하게 만드는 것보다 훨씬 용이하다. 따라서 지지 여부로 세분화하면 일차적으로 기존의 지지유권자를 가장 먼저 집중적으로 공략하고, 다음은 새로운 유권자, 마지막으로 경쟁상대에게 투표했던 유권자를 설득해야 한다.

과거의 지지유권자와 새로운 유권자에 대한 설득으로 당선권에 들 수 있는 충분한 표가 확보가능하다면, 경쟁상대를 지지했던 유권자는 포기하는 것도 자원을 집중한다는 점에서 전략이 될 수 있다.

정당 충성도

정당 충성도란 유권자가 특정정당을 계속해서 지지하는 일관성의 정도를 말한다.

유권자들은 정당에 대한 충성도에 따라 언제나 오로지 한 정당만을 지지하는 그룹, 복수의 정당을 동시에 선호하며 상황에 따라 왔다 갔다 하는 집단, 한 정당을 지지하다 다른 정당으로 쉽게 옮겨가는 변덕스러운 그룹, 어떤 정당에도 지지를 보이지 않는 집단으로 세분화할 수도 있다.

정당 입장에서는 어떤 유권자 집단을 우선 공략대상으로 정하는가에 따라 선거 전략이 달라진다. 선거운동을 책임진 사람이라면 우선 자기 당에 대한 충성도가 높은 유권자를 찾아내어 그들의 지지를 더욱 강화할 수 있는 공약과 메시지를 개발, 전달해야 한다. 정당에 대한 유권자의 높은 충성도는 그 정당과 소속 후보자에게는 최고의 기회이자 최상의 여건이다.

충성도가 높은 유권자를 다수 확보한 정당은 경쟁력을 가질 수 있으며, 그런 지지자를 유지, 확대하기 위해 항상 최선의 노력을 다해야 한다. 예를 들어 항공회사들은 멤버십제도를 활용해서 충성도가 높은 고객을 관리한다. 마일리지가 많아질수록 더욱 많은 서비스와 보상을 제공하는 것은 그들을 계속 유지하기 위해서이다. 정당은 항공회사보다 더욱 많은 서비스를 충성도가 높은 유권자에게 제공해야 한다. 그런 노력을 통해서 항공회사가 얻는 것은 시장점유율에 불과하지만 정당이 얻는 것은 정권이기 때문이다.

항상 우리 정당만을 지지해 주는 유권자를 최우선으로 관리한 다음에 관심을 가져야 할 대상은 복수의 정당을 동시에 선호하는 집단이다. 그들이 다른 정당 지지로 돌아서지 않게 노력해야 한다. 한 표가 옮겨가면 두 표를 잃게 되는 셈이다. 그들의 변심을 막으려면 경쟁정당의 후보와 정책, 공약에 대한 철저한 연구를 바탕으로 보다 나은 대안을 제시할 수 있어야 한다.

끝으로 어떤 정당도 지지하지 않는 그룹에 대해서도 지지를 끌어내기 위해 끊임없이 신경 써야 한다. 그들이 계속 그런 상태로 있다면 몰라도 경쟁정당 지지로 돌아서면 심각한 타격을 입을 수도 있기 때문이다. 새로 선거에 뛰어드는 정당은 대개 1차 공략대상으로 무당파 층을 지목한다. 대부분의 선진국에서는 무당파 층의 증가가 보편적인 현상이다. 그런 트렌드를 극복하기 위한 해법은 정당 충성도 제고 노력이다.

높은 정당 충성도는 확보할 수만 있다면 정당들이 누릴 수 있는 최고의 호사이자 가장 바람직한 상황이다. 내용이 상당 부분 겹치기 때문에 따로 논하지는 않겠지만, 높은 후보 충성도는 더욱 지향해야 할 목표이다. 후보자의 입장에서는 자신이 속한 정당에 대해 높은 지지를 보내는 유권자를 확보하고, 거기에 더해서 정당은 지지하지 않거나, 중립적이더라도 후보자에 대해서 열광하는 유권자집단을 얻을 수 있다면 그보다 더 좋을 수는 없을 것이다. 뒤에 논하겠지만 그렇기 때문에 후보자의 이미지 포지셔닝이 중요한 것이다.

7장

타게팅
표적 유권자 집단의 선정

———

모든 사람이 당신의 고객은 아니다.

세스 고딘
(Seth Godin)

유권자를 소집단으로 세분화하고 나면 다음 단계는 집중 공략할 타겟을 정하는 것이다. 타게팅은 어떤 유권자 그룹을 승부처로 삼을 것인가의 문제이다. 전쟁에서 싸움터를 어디로 삼을 것인가 하는 문제만큼 중요한 것은 없다. 소모적인 힘든 싸움을 할 것인가, 쉬운 싸움을 할 것인가를 결정짓기 때문이다.

타게팅은 전체 유권자를 각기 다른 욕구를 가진 소집단으로 세분화한 후에, 그중 어떤 세분집단을 표적으로 해서 갖고 있는 역량을 쏟아 부을 것인가를 결정하는 과정이다. 그 선택의 과정에서 가장 먼저 고려해야 할 기준은 경제성과 효율성이다.

지지해 달라고 호소하지 말고,
뽑고 싶은 후보가 되라

타게팅을 할 때 우선 중요한 것은 선택하는 세분집단에 선거의 당락을 좌우할 만한 숫자의 유권자가 있느냐 하는 것이고, 두 번째는 그중에서 우리 후보를 지지하거나 설득해서 지지하게 만들 수 있는 다수를 확보할 수 있느냐 하는 것이다.

충분한 수의 지지유권자를 확보할 가능성이 있다면, 셋째는 후보자 또는 캠프가 그 세분집단을 설득할 수 있는 지형과 역량, 또 그세분집단에서 향후 확장성을 기대할 수 있느냐 하는 것이 문제이다. 마지막은 가장 적은 비용과 노력으로 그들을 설득할 수 있느냐가 의사결정의 기준이 되어야 한다. 예를 들어 대통령 선거의 경우 수도권에 가장 많은 유권자가 포진해 있지만 우리 후보가 충분한 표를 확보할 가능성이 있느냐를 따져야 한다.

표의 확보 가능성은 유권자를 설득하는 것보다 그 타겟 유권자가 필요로 하는 후보가 될 때 높아진다. 자신의 이념이나 원칙을 바꿔야 하는 것이 아니라면 유권자가 지지하고 싶고, 투표하고 싶은 후보가 되어야 한다. 안 팔리는 상품을 팔려고 노력할 것이 아니라 저절로 팔리는, 너무나 사고 싶은 상품이 되어야 한다는 뜻이다. 철이

지나 열심히 세일해야 팔리는 상품이 아니라, 유권자가 줄을 서는 핫한 상품이 되어야 한다.

유권자의 절대숫자가 많은 곳보다는 우리 후보자를 선호하는 유권자가 많은 세분집단을 택해야 한다. 수도권에서 최대한의 노력으로 얻을 수 있는 표가 경쟁자에 훨씬 못 미친다면 전체 유권자 수는 적더라도 우리 후보가 확실하게 더 많은 표를 확보할 수 있는 지역에 힘을 쏟는 것이 더욱 효율적이다.

험지는 낙선하고 싶을 때 가는 곳

상식적인 이야기지만 보수에 기반을 둔 후보라면 진보성향 유권자가 절대다수인 지역을 메인 타겟으로 삼는 것은 피해야 한다.

가끔 교두보를 구축하거나, 미래를 기약하고 이미지를 만들기 위해 일부러 험지에 뛰어드는 경우도 있지만 당면하고 있는 선거를 이기기 위한 전략은 아니다. 지금은 젊은 세대에게 인기가 없지만 향후 이미지 개선이나 공약을 통해서 그들에게 다가갈 수 있다는 확신이 있다면, 젊은 세대 중에서도 설득 가능성이 높은 집단을 서브 타겟으로 삼을 수 있을 것이다.

표적은 단 한 개의 세분집단일 수도 있고, 여러 개의 소집단이 될 수도 있다. 한 개의 소집단을 메인 타겟으로, 다른 한두 개의 유권자 집단을 서브 타겟으로 정해서 공략할 수도 있다. 대개는 지역이나 정치성향 또는 세대 등의 세분집단 중 우리 후보가 최다수의 유권자를 확보할 수 있는 집단을 메인 타겟으로 하고, 부동층에서 설득가능성이 높은 집단을 서브 타겟으로 삼는 것이 상례이다. 아무튼 결정적인 기준은 모든 타겟에서 얻을 수 있는 최대한의 표가 당선을 보장하는 확률을 갖고 있느냐 하는 것이다.

타게팅의 3대 원칙

비차별적 마케팅

비차별적 마케팅은 유권자 세분집단 간의 차이를 무시하고 같은 선거 전략, 같은 공약으로 전체 유권자를 공략하는 방법이다. 유권자 세분화 전략이 의미 있는 이유는 동일한 선거 전략 또는 공약에 대해 각 세분집단 별로 다르게 반응하기 때문인데, 비차별적 마케팅은 기본적으로 그런 개념을 무시하는 전략이다. 따라서 비차별적 마케팅은 유권자 세분화 전략이라고 할 수 없다.

비차별적 마케팅은 전체 유권자를 상대로 선거운동을 펼치면 많은 표를 확보할 수 있을 것이라는 막연한 기대감에 근거한다. 요즈음같이 유권자가 지역별, 세대별, 소득별, 직업별로 다양한 의견을 표출하는 시대에는 적절치 않은 전략이다. 낚시터에서 포인트를 무시하고 큰 호수 아무 곳에 낚싯대를 드리우고 물고기가 물어주기를 기다리는 것과 같은 전략이다. 그런 건 전략이라고 할 수도 없다.

다수의 오류

마케팅에 '다수의 오류'(*majority fallacy*) 라는 개념이 있다. 제품을 출시할 때 무턱대고 가장 큰 시장에 출시하는 전략의 오류를 뜻한다. 그와 같은 오류를 범하는 이유는 큰 시장이면 작은 점유율만 확보해도 상당한 매출을 기대할 수 있다는 잘못된 예측 때문이다.

예를 들어 아이스크림 시장에 처음 뛰어드는 생산자는 대개 제일 큰 시장인 바닐라 아이스크림 시장을 겨냥한다. 그런데 실제로 영업해 보면 바닐라 시장에는 워낙 경쟁자가 많기 때문에 일정 시장점유율을 확보하기가 만만치 않다. 그런데 초코 아이스크림 시장은 전체 시장규모는 훨씬 작지만 경쟁자가 적어 일정 점유율을 확보하기가 바닐라 시장보다 훨씬 용이하다. 그럼에도 불구하고 아이스크림 시장에 처음으로 진입하려는 업체들은 시장규모가 크다는 사실에 혹해서 바닐라 아이스크림 시장에 뛰어든다.

대부분의 참여자들이 큰 시장이 점유율 확보가 용이할 것이라는 안일한 생각을 하기 때문에 경쟁은 더 치열해질 수밖에 없다. 그것이 바로 다수의 오류이다.

선거에 뛰어드는 후보자나 캠프 또한 비슷한 오류를 흔히 저지른다. 예를 들어 수도권이 인구가 많기 때문에 대부분의 대선후보들은 일차적으로 수도권 전체를 겨냥해서 비용과 인력을 집중하게 된다. 그러나 경쟁후보들도 같은 생각을 갖고 비슷한 전략을 펼치기 마련이다. 결과적으로 경쟁이 격화되어 득표율 확보는 쉽지 않고 자원의 효율성은 떨어진다.

전체를 타겟으로 한다는 것은,
누구도 표적으로 하지 않는다는 것

세분집단을 표적으로 하면 유권자 일부만 공략하는 셈이 된다고 생각해서 전국의 유권자를 하나의 집단으로 보고 타겟으로 삼는다면 문제는 더욱 심각하다. 전체를 표적으로 한다면 아무도 표적으로 하지 않는 셈이 될 수 있기 때문이다.

그런 비차별적 마케팅 전략으로 확보할 수 있는 유권자는 아무런 선거운동을 하지 않아도 지지해 줄 콘크리트 지지자들뿐일 수도 있다. 단순히 유권자가 얼마나 많을까만을 기준으로 타겟을 선택해서는 안 되기 때문에 세분화가 필요한 것이다. 득표율 측면에서는 작은 세분집단 쪽이 훨씬 클 수 있기 때문이다. 같은 역량이라도 특정 세분집단으로 타겟을 좁히거나, 아예 다른 유리한 지역을 표적으로 해서 집중적으로 투입하면 더 많은 표를 작은 비용으로 확보할 수 있을 것이다.

비차별적 마케팅은 유권자 세분화에 따르는 비용 및 각 세분집단의 니즈에 맞춘 공약과 메시지, 광고와 홍보 프로그램 개발이 불필요하기 때문에 비용은 절감할 수 있다. 하지만 구체적 욕구를 가진 유권자들을 충족시킬 수 없으므로 같은 조건이라면 지명도가 높거나 현재 우세한 후보에게는 유리할 수도 있겠으나, 판세를 뒤집어야 하는 언더독 후보에게는 필패의 전략이 된다.

176

차별적 마케팅

차별적 마케팅은 여러 가지 기준으로 세분화한 각각의 유권자 세분 집단을 대상으로 전개하는 차별화된 마케팅 선거 전략을 의미한다. 여러 개의 표적 집단을 선정하고 각각의 타겟에 적합한 공약과 메시지를 개발하여 그 집단에 속한 유권자를 설득하는 것이다.

최근에 와서 유권자의 욕구와 라이프스타일 및 선호도는 매우 다양해지고 있다. 요즘은 같은 세대, 같은 직업군, 비슷한 소득을 갖고 있는 사람들 사이에서도 다른 정치적 욕구를 보여주는 경우가 허다하다. 앞에서도 기술한 바와 같이 과거에 있었던 젊은 층은 진보, 장년층 이상은 보수지향이라는 도식도 여지없이 깨져버렸다. 지난날에는 자신의 속내를 잘 드러내지 않던 유권자들도 요즘은 사회적으로 민감한 이슈에 대해 거침없이 자신의 의사를 표출한다.

믿을 유권자는 없다

이제는 과거의 선거에서 흔히 이야기하던 '집토끼', '산토끼'의 구분도 그렇게 명확하지 않은 것이 현실이다. 오늘의 유권자들은 사안별로 과거의 고정관념을 깨는 돌출적인 발언도 서슴지 않는다. 정치에 관한 한은 유권자들의 일관성이 사라지고 있다. 지지후보에 대한 유권자들의 일관성은 사라지고 있지만, 자신의 정치신념에 대한 일관성은 더욱 강건해지고 있다.

미국에서도 2016년 대선에서 트럼프는 분노한 러스트벨트의 노동자 표심을 등에 업고 당선되었지만, 2020년 선거에서는 그들의 지지철회로 낙선한 사실이 웅변으로 말해 주고 있다.

우리나라에서도 촛불혁명의 여세에 힘입어 정권교체에 이어 원내 의석 180석의 거대여당까지 탄생시켰지만, 부동산 정책에 배신감을 느낀 유권자는 4·7 재보선에서 보란 듯이 여당 후보들을 낙선시켰다. 자신만의 분명한 생각을 갖고 있는 유권자가 점점 많아지는 추세이다. 이런 시대에는 차별적 마케팅 전략이 위력을 발휘한다.

차별적 마케팅 전략을 사용하려면 우선 각 세분집단에 있는 유권자들의 다양한 정치적 욕구를 상세하게 파악해야 한다. 유권자들의 욕구를 파악하기 위해서는 마케팅 조사가 필요한데 요즘은 조사기법도 엄청나게 발전해 있고, 전문적인 조사기관들도 많아져서 하고자 하는 의지와 비용만 감당할 수 있다면 크게 문제될 것이 없다. 그런 다음에 각각의 세분집단에 속한 유권자들의 욕구에 부합하는 정책과 공약, 메시지를 개발하여 설득하면 된다. 유권자 조사에 드는 비용은 아끼지 말라. 유권자의 욕구를 모르고서는 절대로 좋은 전략을 세울 수 없다.

마케팅은 흔히 만들어 놓은 제품을 파는 것이 아니라 팔릴 제품을 만드는 것이라고 한다. 소비자들이 원하는 제품을 생산해 놓으면, 판매는 저절로 이루어진다는 의미이다. 선거도 다를 것이 없다. 유권자가 원하는 행동을 하는 후보, 유권자에게 어필하는 이미지를 가진 후보, 유권자가 절실하게 필요로 하는 공약을 내놓는 후보를 외면할 유권자는 없다. 그러나 유권자의 정치적 욕구가 점점 다양해지고 있기 때문에 그 욕구들을 충족시켜 줄 수 있는 전략이 필요한 것이다. 그것이 바로 차별적 마케팅이다.

차별적 마케팅의 단점은 비용이 많이 든다는 것이다. 유권자 세분화를 심층적으로 하면 할수록, 세분집단이 많아지면 많아질수록 특정집단에 속한 유권자들의 동질성은 높아진다. 그러면 그들의 욕구를 충족시키기도 쉬워지지만 정책 및 공약 개발과 커뮤니케이션에 드는 비용은 점점 늘어난다. 따라서 규모의 경제를 달성할 수 있는 수준에서 세분화의 정도도 타협해야 하는 것이다.

최근 미국에서는 데이터마이닝(data mining) 기법을 이용해서 아주 작은 유권자 세분집단까지도 공략하는 마이크로타게팅(microtargeting)도 등장하고 있다. 2012년 미국 대통령 선거 당시 오바마 후보 캠프는 개별 유권자를 추적하고 잠재적 지지자를 식별하기 위해 마이크로타게팅 기법을 사용하여 재선에 성공한 바 있다. 그들은 유권자 집단을 아주 작은 크기까지 세분화하여 분석하고, 그 자료를 이용하여 그들의 취향에 맞는 메시지를 개발하고 그들 각자가 친숙한 매체를 통해 설득하여 성공을 거두었다.

전국의 유권자가 동시에 듣고 있다

차별적 마케팅을 사용할 때 주의해야 할 것은 세분집단 간의 이해충돌을 유발하는 공약이나 메시지는 피해야 한다는 것이다. 단적인 예로 후보자가 특정 지역에 가서 그 지역 유권자에게 어필할 수 있는 메시지를 전하려다가 다른 지역 유권자에게는 부정적인 발언을 하는 경우가 있다.

요즘같이 미디어가 발달한 시대에 대선 후보자의 발언은 전국의 유권자들이 동시에 듣고 있다는 점을 잊어서는 안 된다. 한 지역의 유권자를 얻으려다 타 지역의 유권자를 등 돌리게 하는 우를 범해서는 안 될 것이다. 이런 일은 대선뿐 아니라 소규모의 선거에서도 얼마든지 일어날 수 있다. 눈앞의 이익에 급급하면 자신의 발등을 찍는 경우가 생긴다.

집중적 마케팅

집중적 마케팅은 틈새마케팅(*niche marketing*)이라고도 한다. 집중적 마케팅은 그 명칭처럼 자원이 제한된 후보나 정당이 갖고 있는 모든 역량을 한 개 또는 소수의 세분집단 같은 틈새에 집중하는 전략을 말한다. 전체의 역량을 한 곳 또는 소수의 세분집단에 쏟아 부어 그 세분집단에서는 선도적이고 지지율이 높은 유력한 후보가 될 수 있다. 그 세분집단에서 강자로 부상해 우위를 확보하면 다른 후보들과의 소모적 경쟁을 줄일 수도 있다.

이 전략의 장점은 작은 유권자 집단에서 쌓은 높은 지지율로 유력한 후보의 위치를 확보해 파급효과를 누릴 수 있다는 것이다. 작은 세분집단에서라도 압도적인 지지를 확보하면 다른 세분집단에 속한 유권자들 중 부동층이 관심을 갖고 지지층으로 유입되는 부수효과를 노릴 수도 있다.

독일 녹색당이 주는 교훈

그러나 집중적 마케팅 전략은 대선에서 당선을 노리는 유력후보나 정당이 선택할 전략은 아니다. 이 전략은 군소정당의 대선후보가 확실한 이미지를 구축하여 훗날을 기약하고, 또 자신이 속한 정당의 위상을 높이기 위한 방법으로는 효과를 발휘한다. 그리고 국회의원 선거나 지자체 선거에서 군소정당이 소수라도 확실한 당선자를 배출하여 교두보를 구축하고자 할 때는 아주 매력적인 전략이 될 수 있다.

예를 들어 1980년 급진적인 반정부 모임에서 시작한 독일 녹색당은 1983년 선거에서 처음으로 연방의회에 진출한 소수 대안정당이었다. 그러나 2021년 4월, 40세의 여성 정치인 아날레나 베어보크(Annalena Baerbock) 당 공동대표를 총리 후보로 내세우고 정권을 넘볼 만큼 영향력 있는 정당으로 성장하였다.

아날레나 베어보크를 총리 후보로 지명한 직후 녹색당은 여론조사에서 기민당·기사당 연합과 1, 2위를 다툴 정도로 지지율이 가파르게 상승했다. 2021년 9월에 실시된 독일 연방 총선에서 녹색당은 당초의 기대에는 못 미쳤지만, 지난 선거보다 5.8% 높은 14.8%의 득표를 기록하며 총 735석 중 118석을 차지했다. 역사상 가장 좋은 성적이다.

녹색당의 이 같은 성공은 환경과 평화에 적극적인 관심을 가진 젊은이들의 지지에 힘입은 바 크다. 녹색당 지지자는 고학력이며 소득수준이 높은 대도시 출신의 젊은 층이다. 녹색당의 성장은 정치에서의 타게팅 전략, 집중적 마케팅 전략의 성공사례라 할 수 있다. 틈새시장에서 독보적 위치를 확보하여 세계적인 브랜드가 된 사례는 기업의 마케팅 사례에서는 이루 다 셀 수 없을 정도로 많다.

기후변화, ESG 투자, 유기견·유기묘, 성소수자, 성폭력에 분노하는 젊은 여성, 정치에 관심 있는 10대, 소외된 고령자, 핵무기 반대, 원전찬성 그룹 등 작지만 결속력 강한 세분집단은 얼마든지 있다. 이들이 연대하여 정치에 뛰어들고 연립정부를 구성하여 정부를 경영하는 세상이 곧 올지도 모른다. 정치 마케팅은 출마한 후보자를 당선시키려 노력하는 것이 아니라 유권자들이 선택할 후보를 만드는 데에서 출발해야 한다.

8장

후보자 포지셔닝과 차별화

———

선거운동은 후보자의 입장을 포지셔닝하고 이를 끊임없이 유권자들에게 인식시키는 것이다. 포지셔닝을 확고히 정립하지 못한다면 상대 진영이 자기들 마음대로 우리 후보를 포지셔닝하고 공격해 올 것이다.

제임스 카빌
(James Carville)

포지셔닝은 유권자 세분화와 타게팅을 완성한 다음 단계의 일로 STP 전략의 핵심 과정이다. 포지셔닝은 표적으로 삼은 세분집단에 속한 유권자의 마음속에 후보자의 이미지를 각인시키는 작업이다. 따라서 포지셔닝은 당연히 이미지 포지셔닝이다. STP 전략의 핵심인 이미지 포지셔닝을 하기 위해 지금까지의 모든 과정이 있었다고 해도 과언이 아닐 정도로 중요한 작업이다.

유권자의 마음속에 새기고자 하는 이미지는 어디까지나 경쟁후보의 이미지를 염두에 둔 상대적인 이미지이다. 바라는 것은 당연히 경쟁자보다 우월한 이미지이다. 우월하자면 차별화 포인트가 있어야 한다. 비슷하면서 우월한 것보다는 다르면서 우월한 것이 더욱 경쟁력을 갖는다.

인지적 지름길에 의존하는 유권자

선거에서 왜 후보의 이미지가 중요한가? 후보의 이미지가 유권자의 의사결정에 결정적 영향을 미치기 때문이다. 후보자는 개인의 여러 가지 특성, 경험, 공약 등 많은 요소를 갖고 있지만, 유권자는 그런 면모를 대부분 알지 못한 채 투표소에 들어간다. 선거운동 과정을 통해서 많은 메시지를 접했지만 자세한 내용에 대해서는 대부분 알지 못한다.

《유권자들의 의사결정법》(*How Voters Decide*)의 공저자인 리처드 라우(Richard Lau) 럿거스대학 교수는 "당적을 기준으로 선택하는 일이 무의미하고, 후보자들 간의 정견 차이도 크지 않을 경우 유권자는 인지적 지름길(*cognitive shortcut*), 즉 주먹구구식 판단에 의존한다. 본능이나 감정에 따라 어떤 후보자와 가장 많은 동질감을 느끼는지, 또는 후보자가 어떤 느낌을 주는지가 선택의 기준이 된다"고 했다.

심지어 정치학자 중에는 "유권자들은 컴퓨터가 아니다. 후보들의 모든 견해를 기억하고 분석할 의향과 능력이 없다"는 주장을 펼치는 사람도 있다. 비슷한 맥락에서 미국의 정치학자 크리스토퍼 애컨

(Christopher Achen) 과 래리 바텔스(Larry Bartels) 는 미국 유권자의 투표행위를 '비이성적'(*irrational*) 이라고 단정 지으며 "유권자는 아무런 논리적 관계가 없는 상황이나 사안을 연계해 투표한다"고 지적했다. 그런 현상을 유권자들이 '감성적 합리성'(*gut rationality*) 에 의존하는 것이라고 설명하는 학자도 있다.

유권자는 아무것도 모른다

그래서 많은 유권자들은 투표할 때 후보를 잘 모르니까 정당을 의사결정의 대체물로 이용한다는 것이다. 드루 웨스턴(Drew Westen) 에모리대학 교수는 미국 의원 선거의 경우 "유권자의 약 60% 정도가 정당을 기준으로 후보자를 선택하는 경향이 있다"고 했다. 웨스턴 교수는 "정치적 뇌는 수치나 사실이 아니라 감정에 반응한다"고도 했다. 샤론 비글리(Sharon Begley) 같은 칼럼니스트는 여러 정치학자들의 견해를 인용하면서 "유권자는 아무것도 모른다, 혹은 거의 모른다"고 했을 정도이다.

유권자의 대다수는 후보자의 경력이나 견해를 잘 알지 못하고, 기억할 의향이나 능력도 없다는 것이다. 선거예측 연구에 의하면 유권자의 선택은 정당 일체감, 이슈 그리고 후보 이미지에 좌우된다고 한다. 그중에서도 요즈음 미디어 선거가 본격화하면서 후보의 이미지가 결정적 요인으로 떠오르고 있다. 결론적으로 말하자면 유권자의 의사결정은 결코 이성적이지도, 논리적이지도 않으며 오히려 감성적이라는 것이다. 유권자의 투표성향은 논리보다 많은 경우 후보자의 이미지 같은 정서적 요인에 좌우된다.

유권자의 투표행태가 감성에 좌우된다는 사례 보고는 무수히 많다. 그래서 이미지 포지셔닝이 중요한 것이다. 더욱이 정당에 대한 지지나 정치 이슈에 대한 유권자의 견해는 설득해서 바꿀 수 있는 여지가 적지만, 후보자 이미지는 노력에 의해서 특정한 이미지를 만들 수 있고 기존 이미지를 바꿀 수도 있다는 점이 매력적이다. 이미지는 실상과 허상의 조합으로 이루어질 수 있기 때문이다.

폭스뉴스의 CEO이자 트럼프 캠프의 고문을 역임한 로저 에일스(Roger Ailes)의 지적처럼 이미지는 어떻게 창출하느냐에 따라 상대방에게 전달되는 메시지가 결정되는 속성이 있다.

세계적 역사학자 대니엘 부어스틴(Daniel Boorstin)은 심지어 그의 저서 《이미지와 환상》(The Image: A Guide to Pseudo-Events in America)에서 이미지를 "특정 사건에 대한 참되고 진실한 면을 보여주기보다는 조작되고 단편적인 면만을 강조하는 것"이라고 정의하기도 했다. 선거에서의 활용을 전제로 긍정적인 해석을 하자면, 이미지는 만들어질 수 있다는 뜻이 되겠다. 부정적인 면을 부각하자면, 이미지와 실체와의 불가피한 차이 때문에 만들어진 이미지의 폐해도 있을 수 있고, 그런 사례도 많다.

'후보자의 이미지를 유권자의 마음에 어떻게 각인시킬 것인가, 또 무엇을 각인시킬 것인가?' 하는 것은 다음 수순에 당연히 제기되어야 할 질문이다.

유권자의 선택은 후보자의 총체적인 이미지에 대한 판단에서 결정된다. 후보자의 이미지는 많은 요소로 이루어진다. 우선 정치인의 이미지 요소로는 본인의 외모와 화술, 토론능력, 개성, 소속정당, 정책과 공약 등이 있다. 이렇게 다양한 요소들을 간단하게 뭉뚱그려서 효과적으로 유권자를 설득할 수 있는 방법이 슬로건(slogan)이다.

후보자의 모든 것을 유권자에게 알릴 수 있는 방법도 없고, 앞에서 살펴본 것처럼 그 모든 것을 유권자가 소화해 낼 능력도 여유도 없다. 유권자들은 사물이 주는 메시지를 단순화해서 의사를 결정한다. 상황이 복잡하면 복잡할수록, 의사결정이 어려우면 어려울수록 단순화에 더 의존하게 된다. 일종의 휴리스틱 알고리즘(heuristic algorithm)을 사용하는 것이다. 메시지를 보내고자 하는 입장에서는 보내고 싶은 메시지를 압축해서 단순화한 것이 바로 슬로건이다.

유권자에게 보내는 가치제안, 슬로건

슬로건이라는 단어는 스코틀랜드 게일어의 '슬루아그 가럼'(*Slaugh gairm*)에서 비롯되었다고 한다. '전장의 함성'이라는 의미가 있었다고 하는데, 군인들이 전투가 시작될 때 적의 기를 죽이기 위해 지르는 고함을 말한다. 말하자면 기선제압용 함성인 셈이다.

선거라는 이름의 전쟁에서 슬로건은 그 용도가 기선제압 이상이다. 함성은 내부 결속에도 큰 위력을 발휘한다. 슬로건은 후보의 이미지를 간단명료한 문장으로 압축한 메시지이며, 후보자가 유권자에게 보내는 가치 제안이다. 그러므로 후보자의 이미지를 상징적으로 표현한 것이 슬로건이다.

슬로건은 후보자의 개인적 특장점과 사회적 여건에 부합하도록 선택해야 한다. 잘 만든 슬로건은 선거의 양상을 바꿔놓기도 하고, 일찌감치 승부를 결정짓기도 한다. 슬로건은 지지층을 결집시키며, 경쟁후보 지지자를 전향시키기도 한다.

슬로건으로 포지셔닝하는 방법은 다양하다. 포지셔닝을 성공시키려면 슬로건은 물론, 광고, 홍보, 후보의 스피치, 패션, 매너 등도 한 방향으로 가야 한다.

상대적 포지셔닝의 확인

포지셔닝을 할 때 가장 먼저 해야 할 일은 경쟁후보의 포지션을 확인하는 것이다. 포지셔닝은 경쟁후보들 사이에서 우월한 곳에 자리 잡는 상대적인 위치 포착이기 때문에 경쟁후보의 포지션을 파악해야 하는 것이다. 대선의 경우 포지셔닝 전략은 경선과정과 본선이 달라야 한다. 상대가 달라지기 때문에 포지셔닝이 달라지는 것은 너무나 당연한 일이다.

두 번째는 나의 현재 위치를 알아야 한다. 경쟁자와 나의 상대적 포지션을 파악하는 데는 포지셔닝 맵핑(positioning mapping) 기법을 사용하면 된다. 다차원척도법(MDS, multidimensional scaling) 같은 통계기법을 활용하면 나의 위치, 경쟁자의 위치 그리고 이상적인, 다시 말하면 유권자들이 가장 갈구하는 위치를 파악할 수 있다.

그런 분석결과를 보면 나 또는 우리 후보가 가야 할 위치, 그리고 그곳에 안착하기 위해 어떤 노력을 해야 하는지를 알 수 있다. 상세한 통계기법의 설명은 이 책의 영역이 아니고, 또 그렇게 어려운 문제도 아니므로 전문가들의 도움을 받으면 된다.

포지셔닝 전략 전개 시 필수 체크포인트

포지셔닝 전략을 수립하고 실제 실행하기에 앞서 점검해야 할 포인 트이다.

독특성
우리 후보의 포지셔닝은 유권자의 정치적 욕구를 반영함과 동시에 경쟁후보의 포지션을 뛰어넘을 수 있는 독특함이 있어야 한다. 그것 은 바로 차별화의 포인트가 된다.

우월성
독특성이 경쟁후보와 대비되는 개성을 강조한 요인이라면, 우월성 은 여러 자질의 우수성을 의미한다. 후보자가 갖고 있는 기본적 자 질의 우수성은 경쟁후보와의 비교에 있어 필수불가결한 요인이다.

지속가능성
후보자가 갖고 있는 독특성과 우월성이 지속가능한 것이라야 한다. 다시 말해서 후보가 갖고 있는 특장점이 경쟁후보들이 도저히 모방

할 수 없는 것이라야 한다는 뜻이다. 달리 표현하자면 그 우수함이 진입장벽이 될 정도가 되어야 한다는 의미이다. 경쟁후보가 설사 모방하더라도 그 독특함과 우월성의 갭을 도저히 메꿀 수 없도록 계속 발전시켜 나갈 수 있어야 한다.

충분한 득표가능성

그 세분화한 유권자 집단에서의 포지셔닝으로 유권자의 마음속에 확실한 이미지를 새겨 충분한 득표율을 확보할 수 있어야 한다. 그 세분집단에서의 득표가 당선의 확률을 높여줄수록 좋다.

9장

포지셔닝의 실천과 사례

간단하게 만들어라. 기억하게 만들어라.
시선을 끌게 만들어라. 재미있게
만들어라.

레오 버넷
(Leo Burnett)

후보자를 위한 타게팅과 포지셔닝을 위한 목표를 설정했다면,

이젠 구체적인 접근방법을 통해 슬로건을 정해야 한다.

국내외 선거에서의 포지셔닝 유형과 사례를 살펴보고,

우리 후보자에게는 어떤 전략과 방식이 적절할지를 따져보자.

>>>>————————————————→

후보자 속성에 의한 포지셔닝

후보자의 속성, 즉 후보자가 갖고 있는 특장점을 활용하는 포지셔닝이며, 성공할 경우 경쟁자를 상대적으로 힘든 포지션에 위치하게 만들 수 있다. 후보자의 특장점에 기반한 포지셔닝은 가장 흔히 사용되는 전략으로서, 우리 후보와 경쟁후보를 은연중에 비교하여 우월한 속성과 특징을 통해 유권자에게 차별성을 강조하는 전략이다. 우리 후보만이 갖고 있는 독특성을 강조하거나, 설사 경쟁후보도 갖고 있는 장점이라 하더라도 그것을 선점함으로써 경쟁후보의 우위에 설 수 있는 전략이다.

'보통사람' 아닌 후보가 선언한 '보통사람의 시대'

우리나라에서 선거에 최초로 이미지 포지셔닝을 활용하고 가장 성공한 사례로 13대 대통령 선거에서 민정당 노태우 후보가 사용한 '보통사람의 시대', '보통사람 노태우'를 꼽을 수 있다.

1987년 6월 민주항쟁과 6·29선언으로 직선제 개헌이 이루어졌다. 그해 12월 실시된 13대 대통령 선거는 1972년 10월 유신 이후 최초로 치러진 국민들의 직접선거에 의한 대통령 선거였다. 12·12 군사쿠데타의 주역 중 한 명인 노태우 민정당 후보와, 대표적인 민주인사인 통일민주당 김영삼 후보, 평화민주당 김대중 후보 및 5·16 군사정변의 주역 신민주공화당 김종필 후보의 대결이었다.

이때 노태우 후보 측이 '보통사람'이라는 슬로건을 들고 나왔다. 노태우 후보는 유세장에서도 "이 사람 노태우, 보통사람입니다. 믿어주세요!"를 강조했고, "위대한 보통사람의 시대를 열겠다"고 소리쳤다.

그는 분명히 보통사람은 아니었다. 노태우 후보는 12·12 군사쿠데타 주역 중 한 명으로 4성 장군 출신이며, 쿠데타 동지인 전두환 대통령 체제에서 국회의원과 정무제2 장관, 체육부 장관, 내무부 장관, 민주정의당 대표위원, 총재를 역임했다. 서울올림픽 조직위원회 위원장과 대한체육회 회장을 지내기도 했다. 그런 특별한 인물이, 온갖 고초를 당하며 민주화운동에 평생을 바친 인사들 앞에서 '보통사람'을 자처했으니 기가 찰 일이었다. 그러나 그 슬로건은 기가 막힐 정도로 위력을 발휘했다.

'보통사람'이라는 구호는 쿠데타의 주역이자 군부 통치의 중심에 있었던 인물을 순식간에 '서민'으로 바꾸어 놓았다. 김영삼, 김대중 후보가 노렸던 군부 독재세력과 탄압받은 민주화 운동세력의 대결이라는 구도가 일거에 보통사람과 비보통사람 또는 특별한 사람의 구도로 바뀐 것이다. 프레임을 엉뚱한 방향으로 끌고 간 것이다. '보통사람'이라는 슬로건은 선거판을 송두리째 뒤집어 놓았고, 결국

13대 대선 당시 노태우 후보는 선거벽보에 '이제는 안정입니다'라는 구호를 썼지만, 틈만 나면 '보통사람 노태우'를 강조했다. 김영삼, 김대중 후보의 슬로건도 나쁘지 않은 구호지만 '보통사람 노태우'에 비하면 진부하고 식상하게 느껴진다.

승패를 갈랐다.

노태우 캠프는 우리나라 대선 사상 처음으로 광고전문가를 영입해서 이미지 메이킹 작업도 했다. 노태우 후보는 와이셔츠 바람에 소매를 걷어붙이고 일하는 모습과, 서류가방을 직접 들고 다니는 장면 등도 연출했다. 노 후보가 여자 어린이를 안고 있는 모습에 '밝은 미래와의 약속' 또는 '우리의 보통사람 노태우'라고 적혀 있는 포스터도 만들었다. 노 후보는 대선 벽보에 처음으로 이를 드러내고 웃으며 한쪽 팔을 들어 올린 역동적인 모습의 사진을 사용하기도 했다.

선거벽보에는 '이제는 안정입니다'라는 구호를 썼지만, 노 후보는 틈만 나면 '보통사람 노태우'를 강조했다. 참으로 보통이 아닌 파격의 연속이었다. 양김이 단일화를 못 이룬 것도, 하필이면 그 시점에 발생한 KAL기 폭파사건도 노태우 후보의 승리에 기여했지만, 선거운동의 상식을 깨는 신선한 발상이 당선에 큰 공을 세운 것도 부인할 수 없는 사실이다.

참고로 이때 김영삼 후보의 슬로건은 '군정종식, 친근한 대통령 정직한 정부'였고, 김대중 후보는 '평민은 평민당, 대중은 김대중'을 메인 슬로건으로 사용했다. 둘 다 나쁘지 않은 구호지만 '보통사람 노태우'에 비하면 진부하고 식상하게 느껴진다.

결국 13대 대통령 선거에서 민주정의당의 노태우 후보는 36.6%의 득표율로 28.0%를 얻은 통일민주당의 김영삼 후보와, 27.0%를 얻은 평화민주당의 김대중 후보를 따돌리고 당선되었다. 신민주공화당의 김종필 후보는 8.1%를 얻어 4위를 기록했다. 전 국민의

염원으로 15년 만에 치러진 직접선거에서 민주진영은 자중지란과 선거 전략의 실패로 뼈아픈 패배를 기록한 것이다.

4수 후보 DJ가 내건 "준비된 대통령"

1997년 12월 18일 치러진 15대 대선에 김대중은 생애 네 번째 도전에 나선다. 이번에는 새정치국민회의 후보로 간판을 바꿔 달았다. 1992년 대선 패배 후 정계은퇴를 선언했던 그가 다시 나서겠다고 하자 비판의 소리도 높았다. 그의 나이 어느덧 73세였다. 경쟁상대로는 신한국당의 이회창 후보, 국민신당의 이인제 후보, 국민승리21의 권영길 후보 등이 나섰다.

김대중 후보는 경륜은 있으나 '대통령병 환자'라는 조롱을 들을 정도로 고령에, '대선 4수'라는 것이 약점이었다. 탄압받은 민주투사의 이미지도 '보통사람의 시대'와 '문민정부'를 겪은 세상에서는 오히려 부담되는 상황이었다. 당시 여당이던 신한국당의 상황도 편안한 것은 아니었다. IMF 사태, 한보 사태 등 악재가 겹쳐 국민들의 신임을 잃고 있었고, 레임덕까지 와서 당시 김영삼 대통령의 지지율은 5%까지 추락하고 있었다.

이회창 후보의 슬로건은 "깨끗한 정치, 튼튼한 경제"였다. IMF 사태로 추락하던 경제상황과 김현철 구속 등의 악재를 염두에 둔 구호였다. 신한국당을 탈당하고 국민신당을 창당해 출마한 이인제 후보의 슬로건은 "젊은 한국, 강한 나라"였다. 이인제 후보는 당시 49

세웠다. 피를 말리는 포지셔닝의 싸움이었다.

그대로 있으면 김대중 후보는 깨끗하지 않은 구태정치를 하는 늙은 후보로 포지셔닝될 위기 상황이었다. 클린턴 캠프의 전략가 제임스 카빌(James Carville)의 말처럼 "포지셔닝을 확고히 정립하지 못한다면 상대 후보가 자기들의 구미에 맞게 우리 후보를 포지셔닝하고 공격하게 된다"를 절감하게 될 상황이었다.

그때 김대중 캠프가 "준비된 대통령"이라는 구호를 들고 나왔다. 공식적 슬로건은 "든든해요 김대중, 경제를 살립시다"였지만, "준비된 대통령"이 유권자의 귀에는 훨씬 설득력이 있었다. 참으로 시의적절한 슬로건이었다. 이회창 후보의 '대쪽' 이미지와, '젊음'을 내세우는 이인제 후보와 비교했을 때 경륜만을 내세웠더라면 '늙은 대통령병 환자'로 공격당할 절체절명의 순간이었다.

그러나 경륜과 경험을 구비한 후보가 "준비된 대통령"을 내세우자 '대쪽'과 '젊음'은 '준비가 아직 덜 된 후보' 또는 '정치초년병 후보'로 전락하는 상황이 되었다.

개표결과 김대중 후보는 40.3%를 얻어 38.7%를 득표한 이회창 후보와 19.2%를 얻은 이인제 후보를 누르고 당선되었다. 헌정사상 최초로 여당에서 야당으로 정권이 넘어가는 기록을 세운 선거였다. 김대중 후보의 승리 요인으로 이인제 후보의 독자 출마, DJP연합, 이회창 후보 아들의 병역 의혹 등을 꼽기도 한다. 그러나 '준비된 대통령'이라는 이미지 리포지셔닝 전략이 우리나라 대통령 선거 사상 드문 성공사례라는 점은 부인할 수 없다.

15대 대선 이회창, 김대중 후보의 공식 벽보.
김대중 후보는 "준비된 대통령"이라는 구호를
들고 나와 '대통령병에 걸린 늙은 후보'로
포지셔닝될 위기를 돌파했다.

약점을 강점으로,
73세 레이건의 통쾌한 반격

"준비된 대통령" 같은 슬로건은 아니지만, 나이로 인한 토론 해프닝이 미국 대선에서도 있었다.

1984년 로널드 레이건(Ronald Reagan) 대통령은 재선을 노리고 선거에 나섰다. 상대할 민주당의 후보는 지미 카터(James Carter) 정부에서 부통령을 지낸 월터 먼데일(Walter Mondale)이었다. 문제는 레이건 대통령의 나이가 73세로 경쟁자인 먼데일보다 17살이나 많다는 점이었다.

그해 10월 21일, 두 사람은 캔자스시티에서 개최된 TV 토론회에서 맞붙었다. 그때 패널로 나온 〈볼티모어선〉지의 외교전문 기자 헨리 트레윗(Henry Trewhitt)이 레이건 대통령에게 민감한 질문을 던졌다.

"당신은 미국 역사상 가장 나이가 많은 대통령입니다. 몇몇 참모들은 당신이 요즘 먼데일 후보와 경쟁하는 것을 힘들어 한다고 하더군요. 쿠바 미사일 위기가 발발했을 때 케네디 대통령은 사태가 종료될 때까지 며칠 동안 거의 잠을 자지 못했습니다. 그런 일이 다시 발생한다면 대통령께서는 무리 없이 자신의 역할을 해낼 수 있겠습니까?"

나이의 벽을 넘어 승부를 결정지은 한마디

레이건이 차분하면서도 자신감 있는 어조로 답했다.

"당연히 할 수 있죠, 트레윗. 그리고 한마디 덧붙이자면 저는 이 선거를 치르면서 나이를 이슈로 삼지는 않을 것입니다. 또 상대방 후보가 대통령직을 수행하기에 너무 젊다든가 경험이 부족하다는 점을 정치적 목적으로 이용하지는 않을 것입니다."

그의 말이 끝나자 질문자는 물론 객석에서도 한바탕 웃음과 박수가 쏟아졌다. 먼데일 후보가 상기된 얼굴로 멋쩍게 웃는 모습도 화면에 잡혔다. 레이건은 물을 한 잔 마신 뒤 자신에게 주어진 시간이 조금 남았다면서 말을 이어갔다.

"저는 나이 많은 사람이 젊은 친구들의 잘못을 바로잡아 주지 않으면 국가가 제대로 존재할 수 없다고 생각합니다."

이 토론 하나로 레이건은 나이의 벽을 넘었을 뿐 아니라 승부를 조기에 결정지었다. 다음 날 미국의 주요 언론은 레이건 대통령 재선의 가장 큰 장애물이 사라졌다고 보도했다. 심지어 먼데일조차도 훗날 그날의 토론이 승부를 일찍이 갈랐다고 회고했을 정도이다.

앞서 먼데일은 러닝메이트인 부통령 후보로 제럴딘 페라로 (Geraldine Ferraro) 연방 하원의원을 지명하였다. 제럴딘 페라로는 미국 대통령 선거 역사상 여성으로는 처음으로 양대 정당의 부통령 후보가 된 인물이다. 그런 노력에도 불구하고 먼데일은 최악의 패배를 기록하며 낙선하고 만다.

먼데일은 자신의 고향인 미네소타와 워싱턴 D. C. 에서만 겨우 이기고, 50개 주 중 49개에서 패배하였다. 선거인단 수로 따지면 525 대 13이라는 처참한 결과이다. 먼데일이 레이건 정부의 재정 적자를 3분의 2로 줄이겠다며 세금을 인상하겠다는 순진한 공약을 한 것도 패인의 하나로 분석된다.

캔자스시티의 토론회는 지금까지도 최고의 명 토론회로 손꼽힌다. 나이에 관한 질문을 꺼낸 헨리 트레윗까지도 토론회 직후 유명인사로 등극할 지경이었다. 그는 훗날 뉴멕시코대학의 언론학 교수를 역임한다.

위대한 소통가, 레이건

언변이 뛰어나고 국민들과의 소통에도 적극적이었던 레이건은 '위대한 소통가'(the great communicator) 라는 별명을 얻기도 했는데, 그는 지금도 역사상 뛰어난 대통령 중 한 명으로 손꼽힌다.

김대중 대통령과 레이건 대통령의 사례는 후보자가 가진 속성 중 약점이라고 생각되는 것도 활용방법에 따라 강점이 될 수 있다는 사실을 보여준다. 레이건의 사례는 TV 토론의 중요성을 일깨워 주는데 요즘 우리나라 선거에서도 TV 토론이 후보자를 결정하는 주요 수단으로 주목받고 있다.

최근의 정치학 연구에 의하면 유권자들이 선택했던 후보자를 바꾸는 시점은 대부분 마지막 TV 토론을 보고나서였다고 한다. 최근 우리나라 후보자들의 TV 토론을 보면 자신의 공약과 정책을 알리기

1984년 대선에서 레이건은 "Prouder, Stronger, Better"라는 슬로건을 내걸었다.
"It's morning again in America"로 시작하는 선거광고 영상이 많은 관심을 모았고,
레이건의 슬로건은 역대 최고의 슬로건 중 하나로 꼽힌다.

보다는 경쟁후보의 사생활 문제 같은 것을 주제로 공격하는 경우를 많이 보는데, 그런 전략은 자신에게 부메랑이 되어 돌아올 수도 있으므로 주의해야 한다. 우리 후보들은 토론하는 스킬도 많이 부족한데, 레이건의 '톤 앤 매너'(tone & manner)는 요즘 기준으로도 본받을 만한 스피치의 전범이라 할 만하다.

참고로 1984년 대선에서 공화당 후보 로널드 레이건이 사용한 슬로건은 "다시 맞이하는 미국의 아침"(It's morning again in America)이었다. 그것은 공식 슬로건이었던 "더 자랑스럽게, 더 강하게, 더 좋게"(Prouder, Stronger, Better)의 첫 광고에 등장한 메시지였다. 이 슬로건을 기획한 광고계의 전설 필립 듀젠베리(Philip Dusenberry)는 그 배경을 이렇게 설명했다.

"유권자가 슬로건의 뜻을 이해하도록 한 것이 아니라 저절로 느낌이 오도록 감성적인 면에 초점을 맞췄다"는 것이다. '아침'이라는 단어에 담겨 있는 활력과 새로움의 의미를 레이건의 정책과 연결시키려고 했던 듀젠베리의 의도는 성공했다.

경쟁자였던 월터 먼데일 민주당 후보의 슬로건은 "새로운 리더십을 위하여"(For New Leadership)와 "미국은 새로운 리더십을 필요로 한다"(America Needs New Leadership)였다. 한눈에 보더라도 먼데일의 슬로건은 레이건의 슬로건보다 임팩트가 약하고, 역대 도전자들의 구호와 비슷해서 진부한 느낌을 준다.

레이건의 슬로건은 지금까지도 성공한 최고의 슬로건으로 꼽힌다. 레이건이 처음 당선되었던 1980년 선거의 포지셔닝도 대단히 전략적인데 뒤에 기술하기로 한다.

"실천하는 경제대통령"과 "가족이 행복한 나라"

2008년 17대 대선에서 이명박 한나라당 후보는 "실천하는 경제대통령"을 슬로건으로 삼았다. 그가 샐러리맨 성공신화를 일군 유명 기업인 출신이고, 서울시장으로 행정경험도 쌓았기 때문에 유권자로서도 공감할 수 있는 훌륭한 구호였다.

사실 '경제대통령'은 임자가 있는 슬로건이었다. 1992년 12월 있었던 14대 대선에서 정주영 통일국민당 후보는 기업인 출신답게 "경제대통령, 통일대통령"을 내세웠었다. 이명박 후보를 키운 인물이

2008년 17대 대선에서 기업인 출신이라는
특성을 살린 이명박 후보의 슬로건,
"실천하는 경제대통령"은 강력한 이미지
포지셔닝에 기여했다.

정주영 회장임을 감안하면 슬로건의 차용은 이해가 가는 일이다. 이명박 후보는 '국민성공시대'라는 구호도 같이 썼는데 경제적 성공을 갈구하는 젊은 층에 어필하는 문구였다. 캠프 이름도 '국민성공 캠프'로 짝을 맞추었다.

이명박 후보와 경쟁한 정동영 대통합민주신당 후보의 슬로건은 "가족이 행복한 나라"였다. 무엇을 전달하고자 하는지 이해는 가지만, 유권자 입장에서는 그냥 듣기 좋은 말이지 방법론은 없는 공허한 구호였다. 반면에 경쟁상대인 이명박 후보의 구호는 경제전문가로서 경제발전을 통해 유권자를 성공시키겠다는 구체적 메시지가 마음에 와 닿는 면이 있었다. 더 직설적으로 이야기하자면 국민 모두를 부자로 만들어 주겠다고 하는데, "가족이 행복한 나라" 정도로는 도저히 감당할 수 있는 형국이 아니었다.

이명박 후보는 무려 500만 표가 넘는 표차로 승리를 움켜쥐었다. 다른 변수도 많았지만, 이명박 후보의 슬로건과 그로 인해 강화된 이미지 포지셔닝이 상당히 기여한 당선이었다. 지금 와서 돌이켜보면 경제를 통해서 과연 누구를 성공시켰는지 궁금할 뿐이다.

"준비된 여성대통령"과 "사람이 먼저다"

2012년 18대 대선에서 박근혜 새누리당 후보는 "준비된 여성대통령"을 슬로건으로 사용했다. 과거 김대중 후보의 "준비된 대통령"을 차용한 것이었다. 이 슬로건은 결과적으로 탁월한 선택이었다.

18대 대선은 특이한 선거였다. 우선 후보 중 대통령 선거 본선 출마 경험이 있는 인물이 없었다. 지명도가 있는 정치권 출신도 박근혜, 문재인 정도였다. 당시 문재인 후보도 국회 경력은 초선의원에 불과했다. 박근혜 후보는 5선에 당 대표를 역임한 중진이었으며 대한민국 최초의 유력정당 여성 대선 후보였다. "준비된 여성대통령"이라는 문구가 상당한 설득력을 갖는 상황이었다.

　　문재인 후보의 슬로건은 "사람이 먼저다"였다. 이 구호는 문재인 후보의 저서 제목이기도 했지만, 거슬러 올라가면 1992년 미국 대선에서 빌 클린턴 후보가 사용한 "사람이 먼저다"(Putting people first)를 차용한 것이었다. 한마디로 선거용으로는 좀 애매한 구호였다.

2012년 18대 대선 후보 박근혜와 문재인의 선거 벽보.

구체성이 부족했다. 복지사회 구현을 통해 삶의 질 향상 등 사람이 먼저인 세상으로 나아가겠다는 의도를 전하려 한 것이겠지만, 슬로건으로서는 임팩트가 약했다.

타게팅 측면에서 보면 너무나 방대하다. 모든 사람이 먼저일 수는 없다. 모두를 만족시키려다가는 아무도 만족시키지 못한다. 사람이면 대한민국 국민 전체인데 그들에게 무엇을 어떻게 하겠다는 메시지도 없다. 클린턴의 경우에는 "바보야, 문제는 경제란 말이야!" 같은 강력한 슬로건을 같이 사용했었다.

박근혜 후보는 '국민행복시대', '박근혜가 바꾸네' 같은 구호도 같이 썼다. 결과는 박근혜 후보가 51.6% 득표율로 직선제 개헌 이후 최초의 과반 득표와, 역대 최다 득표수로 당선되었다. 대한민국 헌정 사상 처음으로 여성 대통령, 부녀 대통령을 배출한 선거였다. 그것은 비극의 시작이었다.

지고도 이기는 '바보 노무현'

노무현 대통령처럼 화제를 많이 뿌리고 다닌 정치인도 드물 것이다. 결국은 대통령이 되었지만 그 과정은 어떤 대통령이 겪은 것보다 험난했다.

김대중 대통령이 4수 만에 대통령이 되었다고는 해도 그는 40대에 처음으로 대통령 후보가 된 이래 탄압받는 민주투사로 항상 정치의 한복판에 있었다. 재야에 있으면 재야의 핵심으로, 정당에 있으면 총재가 직업이라고 할 정도로 야권의 중심에서 수십 년간 막강한 영향력을 발휘한 인물이었다.

거기에 비하면 노무현의 정치행로는 굴곡이 심했다. 그는 부산에서 인권변호사로 활동하다 1988년 김영삼의 발탁으로 13대 국회의원에 당선되면서 정치에 입문했다. 초선의원이었지만 제5공화국 청문회에서 이른바 거물 증인들에게 날카롭고 조리 있는 질문을 던지고, 묵비권을 행사하는 전두환에게 의원 명패를 던지는 등 맹활약을 하여 국민들에게 참신한 인상을 남기면서 일약 청문회 스타로 떠올랐다.

그러나 1990년 3당 합당에 반대하며 김영삼과 결별하고, 14대 총선에 지역주의 타파를 기치로 내걸고 당선가능성이 낮은 민주당 후보로 부산에서 출마하여 낙선하였다. 1995년에는 제1회 전국동시지방선거에 부산광역시장 후보로 또 민주당 간판을 달고 출마했지만 낙선의 고배를 마신다. 1996년에는 15대 국회의원 선거에 통합민주당 후보로 서울 종로에서 출마하지만, 이번에는 신한국당의 이명박 후보, 새정치국민회의의 이종찬 후보에 이어 3위로 낙선하고 만다.

1998년 2월 이명박이 선거법 위반으로 의원직 상실형을 선고받기 직전, 서울시장 출마를 선언하며 의원직을 자진 사퇴하였다. 그렇게 해서 치러진 서울 종로 재보궐선거에서 노무현은 새정치국민회의 후보로 출마하여 당선된다. 6년 만에 이루어진 국회 복귀였다.

그러나 2000년 4월 16대 총선에는 "지역주의 벽을 뛰어넘겠다"며 종로를 떠나 부산에서 출마하였으나 또 낙선하고 만다. 부산에서만 세 번째 낙선이었다. 어렵게 자리 잡은 대한민국 정치 1번지 종로를 떠나 부산에 가서 다시 낙선한 그에게 사람들은 '바보 노무현'이라는 별명을 붙여주었다. 인터넷과 언론에서도 대단한 관심을 보여주었고, 국민들 마음속에는 신선한 충격으로 받아들여졌다. 지역구도 타파에 대한 그의 진정성이 국민들에게 전해지는 순간이었다.

그는 낙선하고도 전국적인 스타로 부상하는 기회를 잡았다. 그것은 자신의 이익만을 좇았다면 도저히 얻을 수 없는 이미지였다. 이때 대한민국 최초의 정치인 팬클럽인 노사모가 탄생했고, 그 조직은 노무현의 중요한 정치적 자산이 되었으며, 그 후 그의 정치역정에 큰 힘이 된다.

16대 총선에서 낙선한 후 노무현은 2000년 8월 김대중 정부의 해양수산부 장관에 임명되었다. 그 후 2002년 3월 16대 대선 후보 선출을 위한 새천년민주당 국민경선에 출사표를 던졌다. 당시 후보 중 선두는 단연 이인제였다. 그리고 호남 출신으로 오랫동안 김대중을 보좌했던 한화갑, 민주화운동의 상징 김근태, 김대중 정부의 초대 비서실장 김중권 등 7명이 나왔다. '이인제 대세론'이 형성되어 있었고, 노무현은 주목을 받지 못하고 있었다.

경선 전 노무현은 2%에 불과한 지지를 겨우 받는 약체 후보였다. 제주에서 있었던 첫 번째 경선에서 한화갑이 1위, 이인제가 근소한 차로 2위, 노무현은 125표(18.6%)를 얻어 3위를 했다. 다음 날 울산에서 첫 이변이 벌어졌다. 노무현이 298표(29.4%)로 1위를 차지한 것이다. 김중권이 2위, 이인제가 3위에 그쳤다. 노사모가 인터넷을 통해 여론을 움직이기 시작했고, '이인제 대세론'에 금이 가기 시작했다.

다음 주말 광주와 대전에서 있을 두 번째 경선을 앞두고 운명을 뒤집는 여론조사 결과가 발표되었다. 〈문화일보〉와 SBS가 의뢰한 여론조사에서, 노무현이 후보가 되면 오차범위 내이지만 한나라당의 이회창을 이긴다는 결과가 나온 것이다. 반대로 이인제와 이회창이 맞붙으면 이회창이 이기는 것으로 나타났다. 노무현이 이회창을 이길 수 있는 유일한 카드라는 인식이 한나라당의 집권가능성에 불안해 하던 광주 민심을 흔들기 시작했다. 노무현이 이인제를 딛고 부상하는 순간이었다.

최대의 승부처 광주 경선에서 승기를 잡은 노무현은 그 여세를 몰아 전남에서 압도적인 득표를 했고, 결국 70.5%의 득표율로 새천년민주당 대선 후보가 되었다. 우리 정치사에서 지역구도가 무너지는 신호탄이었다. 영남 출신인 노무현을 호남이 지지한 것이다. 한나라당의 집권이 싫기도 했겠지만, '바보 노무현'의 진정성을 호남이 느끼고 동서화합의 가능성에 박수를 보낸 것이다. 노풍(盧風)이 불어오고 있었다.

그러나 대권의 길은 멀었다. 또 한 번의 위기가 다가왔다. 6월 지방선거와 8월 재보궐선거에서 새천년민주당이 참패하자 노무현으로는 불안하다는 여론이 돌기 시작했고, 민주당 내에서 '제3의 후보 영입론'이 제기되었다. 마침 월드컵 열기가 고조되던 때라 월드컵 조직위원장을 맡고 있던 정몽준이 대안으로 부상했다. 노무현은 이미 민주당 후보로 확정된 상태였지만 통합21의 정몽준 후보에게 단일화를 제안했다. 결과는 또 노무현의 승리였다. 두 사람은 국정 동반자로서 정치개혁을 함께 추진할 것을 합의한 뒤, 선거일을 불과 닷새 남겨 놓은 12월 14일 부산에서 공동 유세를 시작했다.

그러나 선거 전날 밤 우여곡절 끝에 정몽준은 '단일화 철회'를 선언했다. 노무현은 부랴부랴 정몽준의 자택을 찾아갔으나, 문전에서 박대당하고 발길을 돌려야만 했다. 노무현이 씁쓸해 하던 모습이 언론에 보도되며 동정여론이 일었고, 지지자들을 더욱 결집시켰다. 결국 다음 날 노무현은 대한민국 16대 대통령에 당선되었다.

그의 당선은 많은 의미를 갖는다. 우선 노무현의 당선은 대한민국 비주류의 승리였다. 그는 상고 출신를 나온 지방 인권변호사 출신으로, 정치권에서도 항상 변방을 맴돌았다. 당선보다 낙선을 밥 먹듯 하면서도 '지역주의 타파'를 평생의 정치신념으로, 불나방처럼 안 될 자리만 골라 뛰어드는 '바보'였다. 그러나 국민은 그 '바보 노무현'을 알아보고 대통령으로 선택했다.

노무현 스토리를 길게 쓴 것은 바보 같은 그의 일관성이 그의 이미지를 만들었고, 그를 대통령으로 이끌었기 때문이다. 노무현은 우리나라 역대 대통령 중에 당선 경력보다 낙선 이력이 많은 유일한 대통령이었다. 그가 알고 했건, 모르고 했건 그의 정치역정은 이미지 포지셔닝의 전범이 된다.

그래서 정치와 선거에 뜻을 둔 사람들은 그의 철학에 동조하지 않더라도, 선거 공학적 측면에서라도 그의 일생과 행동철학, 이미지 메이킹 과정을 살펴볼 필요가 있다. 그가 의도를 갖고 했는지는 모르겠으나, 소신과 일관성으로 점철된 그의 일생을 보면 그는 누구보다도 탁월한 전략가였으며, 마케팅 전문가였다. 그는 소신과 전략은 물론 언어와, 심지어 소탈한 외모까지도 타고난 마케터였다. 이 책은 노무현의 그런 측면만 다룬다. 각종 선거에서 그가 내건 슬로건을 보면 그의 정치철학과, 그것으로부터 파생된 전략을 엿볼 수 있다.

1988년 13대 국회의원 선거는 그가 정치에 입문한 첫 번째 출마였다. 부산 동구에서 나온 인권변호사 노무현의 슬로건은 "가자! 노무현과 함께, 사람 사는 세상으로!"였다. '사람 사는 세상'은 그가 민주화 투쟁 당시 애창했던 민중가요 〈어머니〉의 가사에서 한 구절을 따온 것이었다. 민주화운동 현장 출신 냄새가 물씬 풍기는 구호이다. 그는 이 선거에서 당선되어 처음으로 금배지를 달았다.

1992년 노무현 의원은 14대 국회의원 선거에 출마하며 재선에 도전한다. 지역구는 같은 부산 동구였고, 소속정당은 민주당이었다. 3당합당 과정에서 김영삼과 결별했고, 야권 통합운동에 나서 1991년 9월 통합민주당을 출범시킨다. 당시에 김영삼을 따라가지 않는다는 것은 부산에서는 당선가능성이 없다는 것을 의미했다. 14대 국회의원 선거에 출마한 노무현의 구호는 "부산의 자존심 역시 노무현"이었다. 결과는 예상대로 낙선이었다.

1995년 노무현은 부산광역시장 선거에 도전한다. 이때의 슬로건은 "소신 있는 시장 활력 있는 부산"이었고, 벽보에는 "소신 있는 시장"만 썼다. 역시 낙선이었다.

1996년 노무현은 15대 국회의원 선거에 대한민국 정치 1번지 서울 종로에 통합민주당 후보로 출마한다. 이때의 선거 구호는 "종로가 바뀌면 한국정치가 바뀝니다!"였고, 선거 포스터에는 "올바른 정치 진실한 사람"이란 슬로건을 썼다. 또 낙선이었다.

1998년 7월에 있었던 국회의원 재보궐선거에는 종로에 새정치국민회의 후보로 나섰다. 슬로건으로는 "달라서 좋다"를 썼고 "소신·능력·정직"이라는 단어를 이름 앞에 붙였다. 모처럼 만의 당선이었다.

왼쪽은 1998년 서울 종로구 국회의원 재보궐선거, 오른쪽은 2002년 16대 대통령 선거에 후보로 나선 노무현의 선거 벽보

2000년 16대 국회의원 선거에는 고집스럽게 다시 부산으로 가서 부산 북·강서 을에 새천년민주당후보로 출마하였다. 선거 벽보의 슬로건은 "부산의 큰 일꾼"이었다. 선거 공보에는 '미래', 당이 아닌 '인물', 지역정치가 아닌 '통합의 리더십'을 강조했다. 역시 낙선이었다. 당시 부산의 17개 선거구에서는 한나라당 후보들이 모두 당선됐다. 결국 지역정서에 또 무너진 것이었다.

2002년 16대 대통령 선거의 슬로건은 "새로운 대한민국 국민후보 노무현"이었고, 비공식적으로는 '바보 노무현'이 많이 활용되었다.

노무현의 슬로건들은 대체로 그의 정치행로와 일치한다. 그는 정치적 신념을 지키기 위해 바보의 길을 택했고, 바보여서 승리할 수 있었다. 그는 결과만을 놓고 보면 이미지 포지셔닝의 승자였다. 그와 대결했던 이회창이나 정몽준은 이 나라 최고 수준의 엘리트였음에도 결국 '바보 노무현'에 패했다는 사실에 주목해야 한다. 겸손함은 인간이 선호하는 최고의 덕목이다.

네임 슬로건

'바보 노무현'은 네임 슬로건이다. 네임 슬로건은 후보의 이름 앞에 짧게 붙여 이름을 직접 수식하는 구호를 말한다.

네임 슬로건은 유권자에게 인식의 방향을 제시하는 것이다. 그 제시는 '바보 노무현'처럼 후보자가 갖고 있는 자산과 일치하고, 그 방향성에 유권자가 공감할 때 위력을 발휘한다. 자신 있게 내놓을 만한 자산을 갖고 있는 후보라면 네임 슬로건은 활용해 볼 만한 선거운동 방식이다. 네임 슬로건은 간결하고 전달하고자 하는 메시지가 정확해야 임팩트가 강해진다.

나는 아이크가 좋아 (I like Ike)

1952년 미국 대선에서 공화당 후보로 나왔던 드와이트 아이젠하워 (Dwight D. Eisenhower)의 슬로건으로, 선거 구호의 고전에 속한다. 아이크는 아이젠하워의 애칭이다. 아이젠하워는 1944년 역사적인 노르망디 상륙작전을 성공시키고 제2차 세계대전을 승리로 이끈 전쟁영웅이었다. 그는 전쟁이 끝난 후 미국 육군 참모총장과 컬

럼비아대학 총장을 역임하기도 했다. 그는 드물게 퇴역했다가 북대서양조약기구(NATO: North Atlantic Treaty Organization) 최고사령관으로 군에 복귀한 인물이기도 하다.

그는 유머감각이 출중하고 소탈했으며, 온화한 미소로 대중에게 친근감을 주었다. 그의 미소는 백만 달러짜리라는 말이 있을 정도로 인기가 많았다. 그렇게 높은 인기 때문에 공화당은 물론 민주당으로부터도 부통령 또는 대통령 후보로 와 달라는 러브콜이 끊이지 않았던 인물이다.

그는 군인이 정치에 참여해서는 안 된다는 원칙을 오래 지키다, 끈질긴 설득을 못 이기고 결국 공화당 대선 후보 경선에 뛰어들게 된다. 그는 20세기 최초로 현역 군인에서 미국 대통령 후보로 직행한 인물이었다. 군인 신분에서 바로 선거에 뛰어들었기 때문에 선거운동을 할 시간적 여유나 지식도 부족했는데, 다행스럽게도 그는 당대 최고의 전문가들로 구성된 마케팅 전략팀을 만나게 된다. 그의 캠프는 당시로는 획기적인 미디어 마케팅 전략을 수립한다.

그중 핵심이 당시에는 새로운 매체인 TV를 통해 후보광고를 하는 것이었다. '아이젠하워가 미국에 답한다'(Eisenhower Answers America)는 제목의 광고가 TV의 주요 시간대에 계속 나왔다. 유권자가 물가 문제, 세금 문제, 복지 문제 등 절실한 민생정책에 대해 묻고 아이젠하워가 설득력 있게 답하는 형식이었다. 최초의 TV 광고를 이용한 선거운동이었다.

광고계의 거장 테드 베이츠(Ted Bates)가 캠프에 합류하여 마케

1952년 대선에서 사용한 아이젠하워 후보의 "I Like Ike"는 네임 슬로건의 고전이 되었다. 아이젠하워는 사상 최초로 TV 광고를 선거운동에 활용하기도 했다.

팅 전략을 총지휘하고, 그의 수하에 있던 또 다른 전설, 로서 리브스(Rosser Reeves)가 미디어 전략을 다듬었다. 로서 리브스는 그 유명한 '독특한 판매제안'(USP: Unique Selling Proposition) 이론을 만든 TV 광고의 선구자로 꼽히는 인물이다. 그들은 "나는 아이크가 좋아!"(I like Ike)라는 슬로건을 만들었는데, 그것은 과학적인 마케팅 조사 결과에 기초하여 만들어졌다.

당시 시카고대학에서 MBA를 마치고 유명 마케팅 리서치회사인 마켓팩트(Market Facts)에 근무하던 조사의 귀재 피터 피터슨(Peter G. Peterson)이 아이젠하워에 대한 유권자 조사를 실시했다. 그 결과 유권자들은 정치적 이슈에 대해 이야기하는 것보다 자신들이 아이크를 얼마나 신뢰하며, 그를 얼마나 편안하게 느끼는지에 대해 이야기하는 것을 원한다는 사실을 발견했다.

그래서 탄생한 것이 "나는 아이크가 좋아!"라는 슬로건이었다. 피터 피터슨은 훗날 미국 상무장관을 지내고, 리먼 브라더스(Lehman Brothers)와 블랙스톤그룹(Blackstone Group)의 회장을 지내는 등

억만장자가 된 인물이다.

아이젠하워의 행운은 거기서 그치지 않았다. 로서 리브스는 캠페인송과 만화영화 광고를 만들 것을 제안하였는데, 결과적으로 정치광고 역사상 가장 기념비적인 작품이 나오게 된다. 캠페인송은 유명한 작곡가 어빙 벌린(Irving Berlin)이 작곡하였고, 만화영화는 디즈니사의 전문들이 참여하여 만들었다.

"아이크를 대통령으로! 너도 아이크를 좋아하고, 나도 아이크를 좋아하고, 우리 모두 좋아하는 아이크, 아이크를 대통령으로!"(Ike for president!, You like Ike!, I like Ike!, Everybody likes Ike!, Ike for president!)가 끊임없이 반복되는 캠페인송은 묘한 매력과 설득력이 있었다. 어빙 벌린은 〈화이트 크리스마스〉로 아카데미상 음악상을 수상한 당대 최고의 작곡가였다. 공화당의 상징인 코끼리와 민주당의 상징인 당나귀, 다양한 계층의 사람들이 등장하는 애니메이션도 중독성이 있었다.

아이젠하워 캠프는 "나는 아이크가 좋아"와 함께 "평화와 전진 그리고 번영"(Peace, Progress and Prosperity)이라는 구호도 같이 사용했다. 전쟁영웅의 좋은 대중적 이미지와 최고의 슬로건, 초호화 마케팅팀의 지원은 아이젠하워를 압도적인 표차로 대통령에 당선시켰다. 그의 당선으로 민주당은 20년 집권의 막을 내리게 된다.

스티픈 우드(Stephen C. Wood) 로드아일랜드대학 커뮤니케이션 교수는 미국 정치학술지 〈프레지덴셜 스터디즈 쿼털리〉(*Presidential Studies Quarterly*) 1990년 봄호에 실린 논문에서 "아이젠하워 대선 캠프가 세운 미디어 전략이 공화당의 승리에 결정적 기여를 했다"고 분석했다. 그중 핵심이 당시로서는 획기적인 매체인 TV를 통한 광고였다는 것이다.

당시 민주당 후보였던 아들라이 스티븐슨(Adlai Stevenson)의 슬로건은 "아들라이를 위해 맹렬히"(Madly for Adlai)였다. 한눈에 봐도 비교조차 힘든 구호임을 알 수 있다.

아이젠하워는 1956년 선거에서도 "나는 아이크가 좋아"의 속편이라고 할 수 있는 "나는 여전히 아이크가 좋아"(I still like Ike)를 슬로건으로 사용해서 재선에 성공했다. 상대는 같은 아들라이 스티븐슨이었다. 그 선거에서 아이젠하워 캠프는 "그는 나에게 충분히 좋아"(He's good enough for me)라는 구호를 "나는 여전히 아이크가 좋아"에 붙여서 후렴처럼 같이 사용했다. 설득력 있는 조합이었다.

2008년에 개봉한 미국 영화 〈인디아나 존스 4편: 크리스털 해골의 왕국〉에서는 인디아나 존스 박사가 조국을 배신하라는 소련군 여장교의 말에 "난 아이크가 좋아"(I like Ike)라고 응수하는 모습이 나오기도 한다.

다른 미국 네임 슬로건 사례

캘빈 쿨리지 (Calvin Coolidge)

1924년 대선에서 캘빈 쿨리지(Calvin Coolidge) 공화당 후보가 썼던 슬로건은 "쿨리지와 함께 쿨하게"(Keep Cool With Coolidge)였다.

1924년 미국 대선에서 캘빈 쿨리지 후보는 과묵한 성격 때문에 생긴 별명에서 착안한 네임 슬로건 "쿨리지와 함께 쿨하게"를 사용했다.

그는 과묵한 성격으로 유명했는데 그래서 얻은 별명이 "침묵의 쿨리지"(Silent Cal)였다. 그런 성격 때문이었는지 "쿨리지와 함께 쿨하게"는 큰 인기를 얻었다. 그는 압도적인 득표율로 당선되었다

허버트 후버 (Herbert Hoover)
대공황이 발발하기 직전인 1928년 대선에 공화당 후보로 출마한 허버트 후버(Herbert Hoover)가 썼던 구호는 "후버 말고 누구?"(Who but Hoover?)라는 재미있는 네임 슬로건이었다.

그는 또 "모든 냄비에 닭고기를, 모든 차고에 자가용을!"(A chicken in every pot, a car in every garage!)이라는 슬로건도 함께 썼는데 대단히 직설적이고 희망적인 구호였다. 그는 슬로건 덕분인지 압도적인 표차로 당선되었지만, 대공황에 적절하게 대처하지 못했다는 오명을 뒤집어쓰게 된다.

1928년 허버트 후버의 재미있는 네임 슬로건
"후버 말고 누구?"

대공황 초기 후버는 공황이 몇 달 내로 수습될 것이라고 호언장담
했지만, 그의 예측과는 반대로 경기는 회복되지 않았고 실업자만 늘
어났다. 실업자는 점점 늘어나서 후버의 임기 3년째가 된 1932년에
는 1,300만 명을 돌파할 정도였다. 자연히 실업자들로 이루어진 판
자촌이 여기저기 생겼는데, 당시 사람들은 대통령인 후버를 원망한
나머지 그런 동네를 가리켜 "후버마을"(Hooverville)이라고 이름 붙
였다. 네임슬로건은 아니지만 이름으로 당한 최악의 모욕이라고 할
수 있겠다. 그 이후 공화당은 20년 동안 집권하지 못했다.

린든 존슨 (Lyndon B. Johnson)
1963년 케네디의 암살로 그의 대통령 잔여임기를 채운 존슨 부통령
은 이듬해인 1964년 대선에 뛰어든다. 그의 슬로건은 이름의 머리
글자를 이용한 "LBJ와 함께 끝까지"(All the Way with LBJ)였다. 그
외에 "당신의 투표권을 포기하기엔 이 선거에 걸린 사안이 너무나

1964년 대선에 나선 민주당 린든 존슨과 공화당 배리 골드워터의 슬로건

중대합니다"(The Stakes Are Too High for you to Stay at Home)도 함
께 썼던 구호였다.

경쟁상대인 공화당의 배리 골드워터(Barry M. Goldwater) 후보는
"마음속에서는 그가 옳다는 것을 아시죠"(In your heart you know
he's right)라는 슬로건을 내세웠다. right라는 단어에는 옳다는 의
미도 있지만 우파라는 뜻도 있어서 의도적으로 그렇게 만들었겠지
만, 결과는 극우보수 성향에 가까운 그의 이미지를 강화하기만 한
실패작이었다.

당시 그는 핵전쟁을 벌일 수도 있는 인물이라는 평가를 받을 정도
의 강경보수 성향이었다. 오죽했으면 잡지 〈팩트〉(Fact)가 1964년
에 그를 정신과학적으로 분석한 특집을 낼 정도였다. 내용은 골드워
터 후보가 대통령직을 수행하기에 심리적으로 적절한 사람인가 라는
질문을 정신과 의사(psychiatrist)들에게 물은 설문조사의 결과였다.

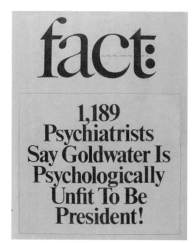

1964년 잡지 <팩트>의 표지. 공화당 대선 후보 골드워터의 심리상태에 대한 설문조사 결과를 발표해 명예훼손으로 고소당했다.

1만 2,356명의 정신과 의사들이 이 설문에 참여했고, 그중 1,189명이 "골드워터는 대통령이 되기에 정신적 문제가 있다"라는 의견을 밝혔다.

골드워터는 출판사 발행인을 명예훼손으로 고소했고, 7만 5천 달러를 배상받았다. 이 때문에 1973년 미국 정신의학회(APA)는 '골드워터 룰'(Goldwater Rule)을 채택했다. 그 내용은 "정신과 전문의가 직접 검진하지 않고 동의를 얻지 않았다면 공인이라 하더라도 전문적 소견을 밝혀선 안 된다"는 의료윤리 지침이다. 설명이 길어졌지만 그런 배경 때문에 골드워터의 슬로건이 선거에 도움이 되지 않았다는 것이다.

존슨 캠프는 슬로건 외에 지금까지도 역사상 가장 임팩트가 강한 정치광고였다는 평가를 받는 '데이지 걸' 광고를 내보냈다. 광고의 내용은 데이지 꽃잎을 따면서 숫자를 세는 어린 소녀와, 핵폭탄 발

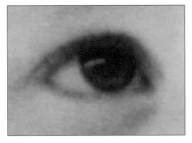

1964년 미국 대선 민주당 후보 린든 존슨의 '데이지 걸' 광고. 역사상 가장 임팩트가 강한 정치광고였다. 이 선거에서 존슨은 골드워터를 압도적인 표차로 제치고 당선되었다.

사 카운트다운을 세는 장면을 대비시킨 뒤 폭발장면을 보여주는 것이었다. 그 광고는 상대후보인 골드워터가 당선되면 핵전쟁이 일어날 수도 있다는 무시무시한 메시지를 담은 것이었다. 쿠바 미사일 위기가 있은 지 2년밖에 안 된 시점의 분위기 탓도 있었겠지만, 결국 존슨은 선거인단 수 486 대 52라는 압도적인 표차로 당선되었다.

우리나라의 다른 네임 슬로건 사례

1987년 6월 민주항쟁과 6 · 29선언으로 직선제 개헌이 이루어지고, 13대 대통령 선거가 있었다.

당시 신민주공화당 후보로 나섰던 김종필은 "아이 러브 JP"라는 "나는 아이크가 좋아"를 패러디한 슬로건을 썼다. JP는 젊은 시절부터 김종필을 따라다니던 애칭이었다. 그러나 1987년의 정치지형은 그가 사랑받을 분위기가 결코 아니었다. 다시 강조하지만 슬로건은 유권자가 공감을 느끼지 못하면 성공하지 못한다.

　그때 평화민주당의 김대중 후보는 "평민은 평민당, 대중은 김대중"이라는 슬로건을 썼다. 자신의 당명과 자신의 이름으로 만든 네임슬로건이었다. 그는 1971년의 7대 대선에서도 네임 슬로건을 사용한 적이 있다. 당시 신민당 후보였던 그는 "대중시대의 막을 열자"는 구호를 내걸었다. 또 김대중 후보는 인조반정(仁祖反正) 등 조선시대의 정변을 흉내 낸 '대중 반정'이라는 슬로건도 그때 사용했다.

　따지고 보면 우리나라의 네임 슬로건도 뿌리가 깊다. 1967년 5월에 실시된 6대 대통령 선거에 한국독립당 후보로 출마한 전진한은 "독립 위해 싸운 정당 통일에로 전진한다"는 네임슬로건을 내걸었다. 전진한 후보는 유세 때마다 "전진한다, 전진한다, 전진한!"을 외쳤다고 한다. 네임 슬로건의 선구자였던 셈이다.

유권자가 처한 상황과 목적에 의한 포지셔닝

선거는 대개 정치지형과 이슈, 후보자의 경쟁력에서 승부가 결정된다. 이 셋은 별개인 것 같지만 서로 밀접한 관계에 놓여 있는 경우가 많다. 각각이 서로 영향을 주고받기 때문이다. 정치지형에 따라 이슈가 만들어지고, 그런 상황과 연계되어 후보도 결정된다. 따라서 선거를 전후해서 형성되는 정치 기류나 정국의 상황은 유권자의 선택에 엄청난 영향을 미친다. 선거라는 전쟁터에 나서는 사람들은 그러한 상황에 대한 깊은 이해를 바탕으로 유권자 설득에 나서야 승리를 쟁취할 수 있을 것이다.

'못 살겠다 갈아보자'와 '갈아봤자 별수 없다'

대선의 경우 대개 야당은 갈아보자고 날을 세우고, 여당은 대체로 구관이 명관이라는 식의 구호를 내세운다. 여와 야의 관계는 창과 방패의 관계이다. 공격과 수비가 균형을 이루면 선거가 어려워진다. 방패가 두꺼우면 창이 맥을 못 쓰고 균형이 깨진다. 링컨 대통령도 재선을 노리는 선거에서 "강 한가운데서 말을 갈아타지 맙시다"(Don't change horses in midstream) 라는 슬로건을 내세웠다. 남북전쟁의 소용돌이 속에 고생하던 유권자들은 그 구호에 공감했고, 링컨은 무난히 재선에 성공했다.

그런데 같은 슬로건을 프랭클린 루스벨트가 2차 세계대전 와중에 치러진 선거에서 재탕을 했다. 최고의 방패라고 생각한 것이다. 링컨은 공화당 후보였고 루스벨트는 민주당 후보였는데도 도움이 되면 빌려 쓰는 것이다. 관련 규제가 없어서 그런지 정치슬로건에 대해서는 저작권이나 상표권 타령을 하지 않는 걸 보면, 정치권은 기업 세계보다 관대하다.

반대로 창이 날카로우면 방패가 아무리 두꺼워도 그 공격을 막지 못한다. 우리나라 역대 대선에서 지금까지도 최고의 창으로 꼽히는 슬로건이 "못 살겠다 갈아보자"이다.

1956년에 있었던 3대 대선 때의 일이다. 1948년 초대 이승만 대통령을 국회에서 선출한 이래 야권이 정비되어 처음으로 양당제가 확립된 가운데 치러진 선거였다. 여당인 자유당 후보로는 현직 대통령인 이승만이 나왔다. 자유당은 1954년 말 '사사오입 개헌'을 감행하여 이승만의 종신집권 길을 열었었다. 민주당은 신익희 전 국회의장을 후보로 내세웠다. 제3당인 진보당은 조봉암을 후보로 삼았다. 6·25전쟁 직후라 1인당 국민소득(GNP) 100달러 수준이고, 외국의 식량원조와 차관으로 연명하던 시절이었다. 그런 상황에 이승만 후보는 81세의 나이로 3선에 도전하고 있었다.

민주당이 '못 살겠다 갈아보자'와 '밀져봐야 본전이다. 갈아나 보

1956년 3대 대선에 나선 민주당 후보들의 벽보. "못 살겠다. 갈아보자!"는 역대 가장 공격적인 슬로건으로 꼽힌다.

자'라는 대단히 공격적인 슬로건을 내걸었다. 진보당의 조봉암 후보도 '갈지 못하면 살 수 없다'고 협공했다. 여기에 여당인 자유당은 '갈아봤자 별수 없다', '구관이 명관이다'로 맞불을 놓았다. 야당의 슬로건은, 전쟁으로 지쳐 있고 먹고살기 힘들었던 유권자의 큰 공감을 얻었다. 선거판이 들끓었다.

슬로건의 생명은 공감에 있다. '못 살겠다 갈아보자'는 논리적 구조를 갖고 있다. 전반부인 '못 살겠다'는 일단 청취자를 공감의 세계로 끌어들인다. 먹을 것이 부족해 줄서서 배급받은 구호물자 밀가루로 만든 수제비, 칼국수로 겨우 끼니를 해결하던 시절에 '못 살겠다'는 구호는 엄청난 울림이 있었다. 국민들 대부분은 자신들의 이야기로 여겼다. 그 큰 공명에서 아직 헤어나지 못할 때 이어서 들려오는 '갈아보자'라는 메시지는 비수처럼 가슴에 꽂히는 것이었다. 제3당

인 진보당 조봉암 후보는 후렴처럼 '갈지 못하면 살 수 없다'를 구호
로 삼았다.

신익희 후보의 당선가능성이 상당히 높게 보이고 있었다. 그런데
신익희 후보가 호남 유세를 위해 타고 가던 기차 안에서 뇌출혈로
사망하는 변고가 생겼다. 투표일을 10일 남기고 있는 시점이었다.
국민들에게는 청천벽력이었다. 그가 세상을 떠나고 실시된 투표 결
과 엄청난 추모표가 나왔다. 만약 신익희 후보가 살아서 투표가 이
루어졌더라면 충분히 이승만을 압도했을 것이라는 분석이 나올 정
도였다. "못 살겠다 갈아보자"는 구호가 얼마나 매력이 있었던지 그
이후 많은 후보자들이 패러디해서 사용했다.

1960년 4대 대선에 출마한 조병옥 민주당 후보는 "죽나 사나 결판
내자"라는 슬로건을 내걸고 선전했다. 그러나 그 역시 선거도중에
병을 얻어 치료차 미국까지 건너갔으나 결국 그곳에서 안타깝게도
세상을 떠났다. 1971년 8대 대선에 출마한 김대중 신민당 후보도
"10년 세도 썩은 정치, 못 참겠다 갈아 치자"는 비슷한 슬로건을 사
용한 바 있다.

논쟁의 틀을 규정하는 것이 승리의 열쇠

유권자가 처한 상황을 잘 파악해 선거에 활용한 좋은 사례로 1992년
미국 대선에 민주당 후보로 나섰던 빌 클린턴을 들 수 있다. 민주당
경선에 출마하기 전만 해도 빌 클린턴은 남부의 작은 주, 아칸소의

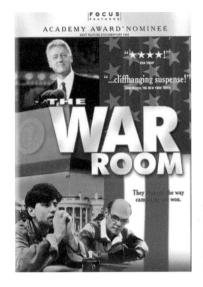

1992년 미국 대선에서 빌 클린턴 후보의 슬로건 "It's the economy, stupid!"는 상대후보 조지 부시를 전쟁영웅에서 경제를 모르는 명청이로 전락시켰다. 이 슬로건을 만든 전략가 제임스 카빌의 활약은 후일 영화로도 만들어졌다.

주지사가 경력의 전부인 무명 인사였다. 당시 현직 대통령으로 재선을 노리고 출마한 공화당의 조지 부시는 걸프전 승리로 인해 지지율이 70%에 육박하는 상황이었다. 심지어 클린턴은 텃밭인 아칸소주에서도 조지 부시 대통령에게 밀릴 것이라는 여론조사 결과가 나올 정도였다. 공화당 캠프는 클린턴을 '남부의 가난한 촌놈'이라 부르며 깎아내리는 상황이었다.

그때 전략가 제임스 카빌(James Carville)이 앞장에서 언급한 "바보야! 문제는 경제란 말이야"(It's the economy, stupid!)라는 슬로건을 제안했다. 이 구호는 처음에는 캠프 내부 공유용으로 만들어졌는데 대중의 반응이 좋아서 메인 슬로건 격이 된 것이다.

그 구호와 함께 "이제 미국은 변화해야 합니다"(It's Time to Change

America) 도 같이 내걸었다. 경제문제로 부시를 압박하기 시작한 것이다. 부시는 전쟁영웅이었지만 경제문제를 잘 관리하지 못했다는 약점을 가지고 있었다. 부시 행정부는 이라크와 걸프 전쟁을 치르면서 엄청나게 국가 부채를 늘려 놓았다. 클린턴은 국가 부채가 증세로 이어질 것을 꼬집은 것이었다. 바보는 부시 대통령을 비꼬는 말이었다.

선거판은 순식간에 경제문제가 최대이슈로 떠올랐다. 부시는 단숨에 전쟁영웅에서 경제를 모르는 멍청이로 전락하고 말았다. 사람들은 전쟁의 승리에는 잠깐 열광하지만, 자신들의 삶과 직결된 경제문제, 그것도 세금문제에는 최대의 관심을 갖게 마련이다.

전략가로서 제임스 카빌의 지론은 "논쟁의 틀을 규정하는 것이 승리의 열쇠"라는 것이었다. 카빌의 전략은 적중했다. 클린턴 캠프는 선거의 구도를 민생경제 우선으로 먼저 규정했고, 부시 진영은 그 프레임에 꼼짝없이 말려든 것이었다.

선거 결과는 경제문제 해결을 원하는 미국 유권자들의 욕구를 그대로 보여주었다. 클린턴은 선거인단 투표에서 370대 168이라는 압도적인 표차로 현직 대통령 부시를 제압하면서 42대 미국 대통령에 당선되었다. 마흔여섯 살의 나이로 시어도어 루스벨트, 존 F. 케네디에 이어 미국 역사상 세 번째로 젊은 대통령이 된 것이다. 또한 클린턴의 승리는 12년 만에 공화당으로부터 정권을 되찾아온 위업의 의미도 있었다.

'4년 전보다 살림살이 좀 나아지셨습니까?'

1980년의 미국 대선도 무명의 카터가 돌풍을 일으킨 1976년 선거 못지않게 흥미진진한 승부였다. 현직의 민주당 지미 카터(James 'Jimmy' Carter) 대통령이 재선에 도전하고, 로널드 레이건(Ronald Reagan)이 공화당 후보로 저지에 나서고 있었다.

당시 미국 경제는 곤두박질치는 상황이었다. 2차 석유파동의 여파로 물가는 치솟고 수요는 위축되면서 인플레이션과 경기침체가 동시에 나타나는 스태그플레이션의 조짐을 보이고 있었다. 지미 카터 정부의 미숙한 정책대응으로 경제지표는 악화일로를 걷고 있었다. 물가 상승률은 10%를 훌쩍 넘었고, 실업률도 8%에 근접하고 있었다.

국민들은 자신들의 살림살이가 걸려 있는 경제문제에 항상 민감하다. 경제상황은 언제라도 선거의 가장 중요한 이슈가 된다. 공격하는 입장이든 방어하는 입장이든 사활이 걸린 문제가 될 수 있다. 그래서 전략가는 선거 전략을 수립할 때 경제문제를 항상 최우선시해야 한다.

레이건 캠프는 그런 상황을 놓치지 않았다. 그래서 나온 슬로건이 "4년 전보다 형편 좀 나아지셨습니까?"(Are you better off than you were four years ago?)였다. 상대진영 급소에 비수처럼 꽂히면서 유권자에게는 저절로 고개를 끄떡거리게 하는 힘이 있는 슬로건이었다. 경기가 불황이기도 했지만 카터는 레이건의 이 슬로건 때문에

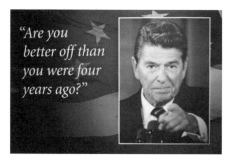

1980년 미국 대선에서 레이건 후보의 슬로건은 2차 석유파동의 여파로 살림살이가 힘들어진
국민들에게 큰 공감을 얻었다.

국민의 살림살이를 망가뜨린 대통령이라는 프레임에 갇혀 버린 셈
이 되었다.

레이건 측은 후렴구처럼 "미국을 다시 위대하게 만듭시다"(Let's
Make America Great Again)라는 구호도 함께 내보냈다. 경제난에
지친 유권자 귀에 쏙 들어오는 설득력 있는 슬로건이었다.

이렇게 힘 있는 슬로건과 압도적인 소통능력에 힘입어 레이건은
현직 대통령 카터에게 압승을 거두었다. 레이건은 첫 임기 4년 동안
세율인하와 정부지출 축소를 바탕으로 한 레이거노믹스를 성공적으
로 작동시키면서 불황을 극복했다. 레이건은 고령에도 불구하고 그
렇게 얻은 높은 인기와 자신의 뛰어난 토론능력으로 압도적인 지지
를 얻어 재선에 성공하였다.

>>>>>>→

지지유권자를 겨냥한 포지셔닝

확실한 지지유권자가 있는 후보의 경우, 그들을 결속시키고 나아가서 부동층을 끌어오기 위한 전략이다. 확고한 지지층은 배타적이라고 느껴서 다가오지 않는 부동층도 있지만, 반대로 그들의 결속력에 매력을 느껴서, 또는 무엇인가 있을지도 모른다는 기대감에 전향할 수도 있다. 프로스포츠 팀이나 유명 연예인, 신흥종교 등의 경우에도 열광하는 사람들에 매료되어 그 일원이 되고자 하는 사람이 생기는 것과 같은 맥락이다.

  탁월한 슬로건은 감동을 주고 유권자를 열광시킨다. 그러나 지지자마저 시큰둥하게 느끼는 구호는 지지자도 결속시키지 못한다.

이변을 낳은 선동가의 도발적 포지셔닝 전략

2016년 미국 대선에서 도널드 트럼프 공화당 후보의 당선은 이변이었다. 당시 미국의 주요 언론 중에서 트럼프의 당선을 예측한 곳은 〈LA 타임스〉 한 곳뿐이었다. 선거기간 내내 발표된 대부분의 여론조사도 민주당 후보 힐러리 클린턴이 승리할 것으로 예측하였으나,

결과는 트럼프의 당선이었다. 득표율은 클린턴이 48%로, 46%를 얻은 트럼프보다 높았지만, 선거인단 확보에서는 트럼프가 이겨 결국 그의 승리가 확정되었다.

투표 직후에 이루어진 한 출구조사 결과에서는 트럼프의 주요 지지층이 남성, 백인, 기독교인, 40대 이상, 대학 중퇴 이하 저학력자 등인 것으로 나타났다. 반면 클린턴의 지지층은 여성, 유색인종, 비기독교인, 30대 이하, 대졸 이상 고학력자인 것으로 나타나 두드러지는 대비를 이루었다.

이 선거 결과는 관전자들에게 많은 생각을 하게 한다. 선거에 출마하는 사람들은 누구나 당선을 꿈꾼다. 특히 선두를 추격하는 입장에 있는 사람들은 드라마틱한 역전극이 연출되기를 희망한다. 그런 입장이라면 트럼프의 경우처럼 전문가들의 예측에서도 뒤지고, 여론조사에서도 당선가능성이 희박한 것으로 나타난 후보가 역전승을 거둔 사례는 꼭 그 승리 요인을 분석해 볼 필요가 있다.

정치적 주장에 대한 호, 불호를 떠나 트럼프처럼 유권자의 상황을 잘 이해하고 그것을 잘 활용한 후보는 드물다. 트럼프는 탁월한 선동가였다. 결과적으로 트럼프는 잠재적 지지자들의 가려운 곳을 아주 시원하게 긁어주었다. 미국의 기존 양당체제에서는 상상할 수 없는 파격적 행태와 전략으로 거침없이 도전에 나섰다.

그는 자신이 의회나 정부에서 일해 본 경험이 없다는 약점을 오히려 강점으로 삼아 워싱턴 정치엘리트 체제에 반대하는 입장에 서서 기득 정치권에 대한 혐오를 증폭시켰다. 트럼프는 기득권에 대한 반감이 큰 유권자들과, 기성 정치로부터 소외됐다고 느끼는 국민들을 대변하는 입장을 취했다. 이른바 '잊혀진 사람들', '진짜 미국의 주인이라 자부하는 중하층 백인들'의 상실감을 자극한 것이었다.

그는 갈등의 증폭기였다. 트럼프는 자유무역을 노골적으로 비판했다. 그는 자유무역이 가져온 고용 축소, 전통적 제조업의 몰락 등이 미국 경제를 침체시키고, 러스트벨트 지역 저학력 백인노동자의 삶을 악화시켰다고 비판했다. 중국산 제품에 관세 45%를 물리겠다거나, 외국인의 불법이민을 막고, 멕시코 국경에 멕시코 돈으로 장벽을 쌓을 것이라는 식의 막무가내 공약도 이런 배경에서 나온 것이었다. 그는 또 그동안 미국이 해왔던 '세계의 경찰' 역할을 축소하고 국내 문제에 더 신경을 써야 한다고 주장했다.

해외분쟁에 미국의 개입을 축소하고, 미국의 경제력이 뒷받침할 수 있는 범위에서 군사력을 배치하겠다는 주장도 했다. 반 난민, 미군철수, FTA(자유무역협정) 반대, TPP(환태평양경제동반자협정) 반대, NATO(북대서양조약기구) 철수 등 거침없는 발언은 세계를 경악하게 만들고도 남았다. 한국 등 미국 군사력의 혜택을 받는 나라들의 방위금 분담을 늘려야 한다는 발언도 그런 배경에서 나왔다.

트럼프의 지지자들은 열광했다. 민주당의 선거 전략도 트럼프의 당선을 도운 셈이 되었다. 민주당은 지지기반을 확장하지 못하고 기존 지지유권자들에게 투표를 호소하는 데 시간을 쏟았다. 그러나 힐러리 클린턴의 지지자들은 광적인 트럼프 지지자들보다 결집력이 약했다. 엘리트 중의 엘리트이자 그것도 여성 엘리트인 클린턴에 대

2016년 대선에서 트럼프는 확실한 지지유권자를 겨냥한 도발적 포지셔닝으로 이변을 연출했다.

한 비호감도 트럼프를 도왔다. 잘난 부부대통령을 뽑아야 하나 하는 것도 러스트벨트의 보수층에는 마음의 걸림돌이었다.

클린턴이 거물 정치인, 유명 영화배우들과 유세할 때 트럼프는 노동자 밀집지역을 파고들었다. 숨어 있던 소외된 저학력 저소득층 백인 유권자들이 트럼프에게 열광하며 표를 몰아주었다. 그는 핵심 경합주로 분류됐던 펜실베이니아와 오하이오, 플로리다 등을 거의 모두 휩쓸었다. 미시간, 위스콘신, 아이오와 등 2012년 대선에서 민주당이 우세했던 지역에서도 빠짐없이 승리했다.

트럼프의 당선은 해리 트루먼의 1948년 역전승 이래 가장 충격적인 승리로 기록되었다. 대선과 함께 상하원 선거마저 공화당의 승리였다. 트럼프 당선은 유권자의 정치권에 대한 혐오를 이용한 타게팅과, 그 세분화한 유권자들을 위해 파격적 행태를 보여준 포지셔닝

전략이 성공한 결과이다. 그는 '트럼프'라는 브랜드에 광적으로 열
광하는 충성도 높은 유권자를 확보했다. 오죽했으면 트럼프가 선거
와중에 "내가 지금 길거리에서 총으로 사람을 쏴 죽여도 지지자들은
나를 계속 지지할 것"이라고 발언할 정도였을까.

트럼프는 그런 지지자들을 위하여 "아메리칸 드림을 복원시킬 것"
을 약속했다. 그리고 과거 레이건을 성공시켰던 슬로건, "미국을 다
시 위대하게 만듭시다!"(Make America Great Again)를 내걸고 당선

2016년 미국 대선 후보들의 슬로건

선거	정당	후보	슬로건
2016	공화당	도널드 트럼프	• 미제를 구매하자, 미국인을 고용하자 (Buy American, Hire American) • 우리 농민들을 다시 위대하게 만듭시다 (Make Our Farmers Great Again) • 장벽을 건설하면 범죄가 감소한다 (Build the Wall and Crime Will Fall) • 일자리들, 폭도들 말고 (Jobs, Not Mobs)
	민주당	힐러리 클린턴	• 함께하면 더 강하다 (Stronger Together) • 미국을 위해 힐러리를 (Hillary For America) • 같이 나아갑시다 (Forward Together) • 우리를 위해 싸웁니다 (Fighting for us) • 나는 그녀를 지지한다 (I'm With Her) • 트럼프의 증오를 사랑해 (Love Trumps Hate) • 그들이 저급해도, 우리는 품위 있게 (When they go low, we go high)

되었다. 이 슬로건 외에도 트럼프는 지지자들을 직접 자극하는 강한 구호를 여러 개 사용했다.

이에 반해 경쟁자였던 힐러리 클린턴의 슬로건은 어느 것 하나 트럼프의 '미국을 다시 위대하게'나 다른 슬로건보다 메시지가 약했다. 코로나 사태 등으로 인해 트럼프는 재선에 실패했지만, 2021년 11월 현재 그의 지지율은 47%를 오르내리고 있다. 차기 대선에 가장 유력한 공화당 후보로 거론될 지경이다. 트럼프가 상황을 이용할 줄 아는 마케팅 천재임은 부인할 수 없다.

조지 부시의 온정적 보수주의

미국의 2000년 대선에서 공화당 후보였던 조지 부시(George W. Bush, 아들 부시)는 "온정적 보수주의"(Compassionate Conservatism)를 슬로건으로 내세웠다. 온정적 보수주의는 이민자, 빈곤층 등 소외계층 보호를 도입한 보수주의로, 기존 보수주의 이념과는 달리 사회적 약자에 대한 배려와 분배를 통해 성장의 균형을 강조한다. 온정적 보수주의의 요체는 조세감면으로 국가복지를 축소하는 대신에 복지서비스 제공에서 기업가의 자발적 참여와 민간 지역단체들, 특히 교회와 종교단체의 역할을 유도하는 것이었다.

당시 부시의 주요 지지세력은 전미총기협회(NRA: National Rifle Association)와 기독교 우파 같은 전통적 보수우익이었다. 그럼에도 불구하고 부시는 온정적 보수주의자임을 자처하며 따뜻한 국가 건

2000년 대선에서 조지 W. 부시는 "온정적 보수주의"를 슬로건으로 내걸고 선거광고를 통해 따뜻한 국가를 건설할 지도자 이미지를 만들고자 노력했다.

설을 제시하여 인기를 끌었다. 그는 이 슬로건을 통하여 기존의 지지세력인 전통 보수주의자들을 끌어안는 것은 물론, 중도층으로 외연을 넓히는 효과도 보았다. 그 덕분에 부시는 8년 동안 힘 있는 부통령을 지낸 강적 엘 고어(Albert 'Al' Gore)와의 싸움에서 힘겹게라도 이길 수 있었다.

그들에게 지옥을 보여줘, 해리!

"그들에게 지옥을 보여줘, 해리!"(Give'Em Hell, Harry!)는 1948년 미국 대선 민주당 후보였던 해리 트루먼(Harry S. Truman)의 슬로건이었다.

시작은 슬로건이 아니라 그야말로 응원구호였다. 트루먼이 워싱턴(Washington)주의 브레머턴(Bremerton)이라는 동네에서 유세하던 중 공화당을 공격하는 발언을 했다. 그러자 지지자들이 일제히

1948년 대선에서 해리 트루먼 후보는 지지자들의 응원구호를 캠프의 슬로건으로 사용했다.
그가 예상외의 승리를 거둔 이 선거에서 "듀이가 트루먼을 이겼다"는 오보가 나와 화제가 되었다.

"그들에게 지옥을 보여줘, 해리!"라고 고함을 지르기 시작했다. 그에 화답해 트루먼은 "저는 그들에게 지옥을 보여주지 않았습니다. 저는 그들에게 그들에 관한 진실을 말해줄 뿐인데 그들은 그걸 지옥이라고 생각하나 봅니다"라고 말했다.

그 이후 "그들에게 지옥을 보여줘, 해리!"는 트루먼 지지자들의 평생 슬로건이 되었고, 트루먼 캠프의 슬로건이 되었다. 지지자들이 만들어준 슬로건이니까 그들을 결속시키는 힘은 대단한 것이었다. 공감대는 말할 것도 없었다.

그러나 이런 식의 직설적이고 거친 표현은 요즘 세상에는 적절하지도 않고 우리 정서에는 잘 맞지 않는다. 지금 이런 식의 슬로건을 만들려면 표현을 상당히 순화해야 할 것이다.

우리나라의 19대 대선 사례

2017년 5월 9일 실시된 대한민국 대통령 선거는 특별한 선거였다. 원래는 2017년 12월 20일에 실시될 예정이었으나, 대통령 탄핵소추안이 가결되어 박근혜 대통령이 파면됨에 따라 일찍 치러진 선거였다. 결론적으로 당시의 여권이 불리한, 당선가능성이 아주 낮은 선거였다. 그래서 그랬는지 후보들이 난립했다. 이 기회에 당선가능성은 없어도 차기를 위해 이름이라도 알려 놓자는 심산이었는지도 모르겠다.

재미있는 것은 19대 대선에 나선 후보들 중 문재인 후보를 제외한 4명의 주요 후보들이 모두 지지유권자를 겨냥한 포지셔닝을 시도했다는 점이다. 4인의 후보는 모두 자신의 지지기반을 결속하기 위한 슬로건을 내걸었다. 그러나 경험과 인력의 부족 때문인지 시일이 촉박했던 탓인지, 슬로건만 봐도 선거 판세를 읽고 전략을 수립하는 역량들이 상당히 아쉽게 느껴진다.

자신의 포지셔닝을 어떻게 가져갈지를 모르는, 유권자 세분화 전략의 기본이 되어 있지 않은 접근도 다수 눈에 뜨인다. 당선가능성이 낮은 선거에 나서는 후보들의 전략은 차기를 노릴 생각이라면 더욱 정교해야 하는데 말이다. 지나간 전략을 반추해 보는 것은 같은 실수를 반복하지 않기 위해서라도 필요하다.

"노동이 당당한 나라"

19대 대선에서 정의당 심상정 후보는 "노동이 당당한 나라"를 슬로건으로 내걸었다. 전형적인 자기 지지기반 결속을 위한 구호이다. 거기에 덧붙인 "내 삶을 바꾸는 대통령"은 무난하다.

소수정당 후보로서, 당선 가능성이 낮아 보이는 상황에서 최선의 선택이라 할 수 있겠지만 확장성은 전혀 보이지 않는다. 노동자의 표도 다 가져오지 못하는 정당에서 어떤 선택의 여지가 있느냐는 반문이 있을 수 있겠지만, 이래서는 미래가 없다.

정당은 정권창출을 목표로 할 때 존재의 이유가 생긴다. 영원한 소수정당을 지향한다면 모르겠으나, 그렇지 않다면 외연확장을 시도해 봐야 한다. 그래야 지지층도 더 늘어나고 결속도 단단해진다. 독일 녹색당이 출범 20년 만에 비록 사민당과의 연정을 통해서이지만, 그래도 집권 여당이 되었던 역사적 사실을 타산지석으로 삼아야 할 것이다.

"보수의 새 희망"

바른정당의 유승민 후보는 "보수의 새 희망"을 슬로건으로 삼았다. 보수 본류를 자처하는 여당인 새누리당에서 분당해 나온 정당의 후보인 만큼 슬로건은 나쁘지 않다. 무난하다.

그러나 문제는 정작 보수세력의 공감대였다. 지지층을 열광하게 만드는 슬로건이 최고지만 그것이 안 된다면 긍정이라도 하게 만들어야 한다. 적어도 기존 보수세력과는 무엇이 다르고 어떻게 희망

2017년 대통령 선거 벽보. 왼쪽 위부터 시계방향으로 정의당 심상정, 바른정당 유승민,
자유한국당 홍준표, 국민의당 안철수 후보.

이 될 것인지를 알려주어야 한다.

그런데 한 쌍으로 쓰인 구호가 "당신의 능력을 보여주세요!"였다. 이건 무슨 이야긴가? 지금도 이해가 잘 안 되는 대목이다. 나를 안 찍어주면 능력을 못 보여주는 거라는 이야기인지, 능력이 없다는 이야기인지. 그런데 엎드리며 찍어 달라는 것도 아니고 능력을 보여 달라니. 보다보다 이렇게 시건방진 슬로건은 처음 봤다.

후보의 출중함은 알겠는데 그렇다고 해서 유권자를 무시하면 안 된다. 슬로건이 유권자를 무시하는 듯한 인상을 주는 건 금물이다. 의도야 그렇지 않았겠지만, 모든 판단은 유권자가 한다는 걸 잊으면 안 된다.

"국민이 이긴다"

시건방진 인상을 주는 슬로건은 또 있었다. 2017년 대선에서 안철수 국민의당 후보의 슬로건은 "국민이 이긴다"였다. 안 후보의 선거 벽보에는 당명도 적혀 있지 않았다. 국민의 당을 국민으로 대체한 것인가? 선거는 국민이 뽑는 건데 국민이 이긴다니? 나를 뽑으면 국민이 이기는 것이라는 해석 외에는 달리 생각할 방도가 없다.

노무현 후보의 '국민후보'라는 성공한 슬로건이 있긴 했다. 그때 짝을 맞춘 슬로건은 "새로운 대한민국"이라는 희망이었다. 그러나 "국민이 이긴다"와는 다른 차원의 이야기이다. 게다가 이긴다는 반말이다. 2017년 대선에 나붙은 포스터 중에 반말을 쓴 것은 안 후보의 포스터뿐이었다.

아마도 국민 전체를 타겟으로 하는 무차별 마케팅을 전략으로 삼은 것이라는 생각을 해본다. 본인이 진보와 보수를 두루 섭렵했으니 이제 국민 전체를 아우를 수 있다고 생각한 것인가. 누차 강조하지만 전체를 타겟으로 삼는 것은 아무도 타겟으로 삼지 않는 것과 같다. 여느 나라에서 이른바 '국부'로 추앙받는 사람들도 국민 전체의 지지를 받지는 못한다. 선거는 확률의 게임이다. 일단 내 지지자는 공고히 해야 한다.

다시 한 번 말한다. 누차 강조하지만 이미지 포지셔닝 전략은 유권자의 공감이 있을 때 성공한다. 희망사항은 통하지 않는다. 후보는 누구나 당선이라는 희망사항을 갖고 있다.

"당당한 서민 대통령"

2017년 19대 대선 때 홍준표 자유한국당 후보의 메인 슬로건은 "지키겠습니다, 자유대한민국"이었다. 그리고 짝으로 이름 앞에 "당당한 서민 대통령"을 붙였다.

홍준표 후보는 정치경력이 오래되고 선거를 많이 치러 봐서 그런지 자신의 지지기반도 잘 알고, 정치마케팅을 본능적으로 아는 인물인 것 같다. 그는 여론을 다룰 줄 아는 정치인이다. 자유한국당 입장에서는 최악의 상황에서 맞이한 선거였다. 기존의 보수진영 안에서도 혼란을 겪는 유권자가 많았다. "지키겠습니다, 자유대한민국"은 보수의 입장에서는 상당히 순화한 표현이다. '자유'라는 비교적 무색한 단어가 앞에 붙기는 했지만 나라를 지키겠다는데 누가 대놓고 안 된다고 하겠는가.

포인트는 후렴으로 따라 붙는 "당당한 서민 대통령"이다. 서민층은 통상 진보라 생각한다. 물론 서민층에도 보수는 있다. 그러나 "당당한 서민 대통령"은 어떻게 봐도 부동층을 의식한 외연확장 전략이다. 한 개의 포스터에서 지지자와 부동층을 다 어루만진 것이다. 당시의 경황없었을 상황을 생각하면 상당히 선방한 전략이라고 할 수 있다.

"신노동당, 영국을 위한 새로운 삶"

토니 블레어(Anthony 'Tony' Blair)는 1994년 영국 노동당의 당수직에 오르면서 당의 신장개업 프로젝트를 시작한다. 그래서 나온 것이 "신노동당, 영국을 위한 새로운 삶"(New Labour, New Life for Britain)이라는 슬로건이었다.

그는 '제3의 길'(Third Way)을 외치며 시민들의 사회경제생활을 보장하는 동시에 시장의 활력을 높이고자 하는 신노동당 프로젝트를 시작했다. 블레어는 기존 노동당의 정책들을 신노동당 정책으로 과감하게 바꾸었다. 그는 노동당의 오랜 유산이었던 복지국가 건설과 국유화 공약을 폐기하며 중도좌파로 놀라운 변신을 시도했다.

신노동당 프로젝트는 일차적으로 노동당원들을 겨냥한 것이었으며, 그들을 결속시키고 설득한 다음 외연을 넓혀 집권을 시도한 전략이었다. 결과적으로 블레어가 이끄는 노동당은 1997년 총선에서

1994년 영국 노동당 당수에 오른 토니 블레어가 '제3의 길'을 외치며 이끌었던 신노동당 프로젝트

659석 가운데 418석을 차지하는 압승을 거두며 보수당의 18년 집권을 끝냈다.

그는 1997년부터 2005년까지 3차례의 총선을 승리로 이끌었으며, 13년간 총리를 배출하여 노동당 역사상 최장수 집권기록을 세우는 데 기여했다. 2차 세계대전 이후 총리로 10년 이상 집권한 사례는 마가렛 대처와 토니 블레어밖에 없다. 포지셔닝 전략으로 블레어의 신노동당은 크게 성공했다. 그 후 그에 대한 논란도 많고 비판도 많으나 정치적 공과는 이 책이 다룰 영역은 아니다.

경쟁자 대비 포지셔닝

경쟁자 대비 포지셔닝이란 경쟁자를 이용하여 우리 후보를 돋보이게 하는 포지셔닝 전략이다. 경쟁후보의 약점을 부각시키거나, 우리 후보의 상대적 강점을 돋보이게 하는 방식으로 가치 제안을 할 수 있다.

경쟁자 대비 포지셔닝은 '왜 경쟁후보가 아니고 당신을 찍어야 하는가?'라고 묻는 유권자에게 답을 하는 것이다. 이러한 포지셔닝은 지지자들을 결속시키는 역할도 하고, 부동층이나 상대후보 지지자들을 우리 후보 쪽으로 전향하게 만드는 역할을 할 수도 있다.

박정희 후보의 "농민의 아들"

1963년 10월에 치러진 5대 대통령 선거에 출마한 민주공화당의 박정희 후보는 "가난을 물리치자. 농민의 아들 성실한 일꾼"이라는 슬로건을 내걸었다. 당시 농민은 가난의 상징이었다. 여기서 농민의 아들임을 강조한 것은 두 가지 의도가 있어 보인다.

첫째는 상대방 윤보선 민정당 후보와 대비시키려는 의도이다. 윤보선 후보는 명문대가의 자손으로 99칸의 대저택에서 살고, 1920년 대 초반에 영국 유학을 할 정도로 부유한 환경에서 자랐다. 5대 대통령 선거에 출마하기 전에 이미 민주당 내각책임제 정권에서 대통령을 역임했으며, 서울특별시장, 상공부 장관, 대한적십자사 총재 등도 거쳤다. 민주공화당은 '영국 신사'라는 별명을 갖고 있던 윤보선의 귀족이미지와 농촌 출신 박정희 후보를 대비시키기 위해 '농민의 아들'을 내세운 것이다.

두 번째는 쿠데타의 주역이자 군 출신이라는 강성이미지를 탈색하기 위한 것이었다. '농민의 아들'을 내세워 선거가 군인과 문민의 구도로 가는 것을 피하고자 한 것이다. 희망사항은 부패한 구 정치 세력과 참신한 개혁세력의 대결구도였다.

그 선거에서 박정희 후보는 득표율 1.5%라는 간발의 차이로 당선되었다. '농민의 아들'이 아니었더라면 당선이 물거품이 되었을 수도 있을 상황이었다.

윤보선 후보의 "박정해서 못 살겠다"

박정희와 윤보선은 1967년 5월에 있었던 제6대 대통령 선거에서 다시 맞붙었다. 현직 대통령과 전직 대통령의 리턴매치였다.

이번에는 신민당 간판으로 나선 윤보선 후보는 "박정해서 못 살겠다, 윤택하게 살아보자"라는 구호를 내세웠다. 슬로건도 리턴매치였다. '박정'은 박정희를, '윤택'은 윤보선을 지칭하는 말이었다. 신민당은 "지난 농사 망친 황소, 올 봄에는 갈아보자"와 "빈익빈이 근대화냐. 썩은 정치 뿌리 뽑자"라는 슬로건도 같이 썼다. 황소는 공화당의 상징이었다.

박정희 후보 진영은 "여러분의 명랑한 생활과 보다 편리한 살림을 위해 공화당은 황소처럼 힘차게 일하겠습니다"라는 긴 구호로 대응했다. 공화당은 또 "황소 힘이 제일이다! 틀림없다 공화당"이라는 슬로건도 같이 사용했다.

황소 죽이기와 황소 살리기의 대결이었다. 이번에는 여유 있는 차이로 박정희 후보가 윤보선 후보를 따돌렸다. 황소를 살린 것인지도 모르겠다.

"노동당은 일하지 않는다"

1979년 총선을 앞두고 마거릿 대처(Margaret Thatcher)가 이끌던 보수당은 "노동당은 일하지 않는다"(Labour isn't working)라는 슬로건을 내걸었다.

세계적 광고회사 '사치 앤드 사치'(Saatchi & Saatchi)는 실업자 지원사무소에 길게 줄지어 기다리는 사람들의 사진 위에 굵은 글씨체로 "노동당은 일하지 않는다"라고 쓴 옥외광고를 만들었다. 대단히 설득력 있는 슬로건이었고, 성과도 놀라웠다. 보수당의 승리였다. 마거릿 대처(Margaret Thatcher)는 노동당의 제임스 캘러핸(James Callahan)을 밀어내고 첫 여성총리에 올랐다.

1979년 영국 총선에서 마거릿 대처가 이끌었던 보수당의 슬로건

　대처는 1982년 아르헨티나와의 포클랜드전쟁을 승리로 이끌었다. 1983년, 1987년 총선을 이겨 3선에 성공했고, 통산 11년 7개월을 재임하여 20세기 영국 총리 중 최장수 기록을 남겼다. "노동당은 일하지 않는다"는 직설적이면서 설득력 있는 최고의 경쟁후보 대비 포지셔닝으로 기억된다.

"오바마는 일하지 않는다"

명품은 짝퉁을 낳는다. 2012년 11월에 실시된 미국 대선에서 현직 버락 오바마(Barack Obama) 대통령과 대결했던 공화당의 밋 롬니(Mitt Romney)는 "노동당은 일하지 않는다"(Labour isn't working)는 1979년 영국 보수당의 슬로건을 차용해 "오바마는 일하지 않는다"(Obama isn't working)는 구호를 내놨다. 그러나 슬로건은 같아도 상황은 달랐다.

　1970년대의 영국은 '영국병'이라는 말을 낳을 정도로 경제 침체기를 겪고 있었다. 영국 근로자들의 생산성은 미국 근로자들의 절반 수준에 이르고 있었다. 영국의 1인당 국내총생산(GDP)은 1960년 대에는 세계 9위였으나, 1971년에 15위, 1976년에 18위로 추락하고 있었다. "노동당은 일하지 않는다"는 구호가 공감을 불러일으키는 상황이었다.

미국의 경우는 좀 달랐다. 미국도 2008년 금융위기의 여파로 정체기가 이어지고는 있었다. 2011년의 국내총생산(GDP) 대비 경제성장률은 0.9%였고, 실업률도 9.0%까지 치솟고 있었다. 그러나 오바마는 오바마 케어를 포함한 여러 개혁을 단행하였으며, 경제지표도 조금씩 개선되고 있었다. 오사마 빈 라덴 사살 등은 선거에 호재로 작용하고 있었다. "오바마는 일하지 않는다"는 슬로건이 크게 지지를 얻을 상황은 아니었다.

개표결과 오바마는 선거인단 확보 332 대 203으로 롬니를 여유 있게 누르고 재선에 성공하였다. 포지셔닝은 유권자로부터 공감을 얻어야 위력을 발휘한다.

"트럼프만 빼고 아무나"와 "잘 가라 도널드"

민주당의 조 바이든과 공화당의 도널드 트럼프가 격돌한 2020년 미국 대선은 흥미진진한 게임이었다. 지난 2016년 대선 때 민주당은 아쉽게도 투표는 이기고 선거인단 확보에 져서 트럼프에게 정권을 내주었다. 또 그런 일이 반복되지 않는다고 장담할 수 있는 상황이 아니었다.

지난 230년간 미국 대통령 44명 중 재선에 실패한 사람은 아버지 부시, 지미 카터, 제럴드 포드, 허버트 후버, 윌리엄 하워드 태프트 등 10명뿐이었다. 1932년부터 1976년 사이 44년은 암살당한 존 F. 케네디 외에 모든 대통령이 재선에 성공했다. 그런 형편이니 트럼프가 재선을 꿈꾸지 않을 이유가 없는 것이다.

트럼프는 유권자의 호, 불호가 극단적으로 갈리는 인물이다. 트럼프는 선거가 시작되고도 여전히 자신의 강성 지지층만 바라보고 관리하는 데 열중하고 있었다. 선거지형은 완전히 트럼프 대 반 트럼프의 구도로 굳혀진 형편이었다. 이런 구도에서는 부동층이 적어지고, 역전의 가능성은 줄어든다.

4년 전 트럼프를 얕보다가 패배했다고 생각하는 반 트럼프 진영이 "트럼프만 빼고 아무나"(Anyone But Trump) 라는 깃발 아래 결집하고 있었다. 그들은 "잘 가라 도널드"(Bye Don) 라는 슬로건을 내걸었다. Don은 도널드의 애칭이다. 잘 가라라고 했지만 내용은 '트럼프, 백악관에서 방 빼고 집에 가라'에 가깝다. 대단히 유치한 구호지만 상황이 그만큼 절박했다는 뜻도 된다. 바이든 캠프는 "허튼소리 그만해!"(No Malarkey!) 라는 구호도 내걸었다. 선거 슬로건치고는 매우 투박하다. 그런 정도는 되어야 '막말의 대가' 트럼프를 제압할 수 있다고 생각한 모양이다.

트럼프는 "미국을 계속 위대하게"(Keep America Great) 를 내세웠다. 선거 막바지 트럼프가 치적으로 내세운 것은 코로나19 이전까

2016년 미국 대선에서 아쉽게 패배했던
민주당은 2020년 대선에서 막말의 대가
트럼프를 반드시 제압하겠다는 절박함
때문이었는지 투박한 구호들을 내걸었다.

지 지속됐던 경제호황이다. 그러나 코로나19 대응 실패는 트럼프의
주장을 무색하게 만들었다.

　민주당은 2016년 대선 때 트럼프의 슬로건이었던 "미국을 다시 위
대하게 만듭시다!"(Make America Great Again)를 패러디한 "미국을
다시 제정신으로 만듭시다!"(Make America Sane Again)라는 구호까
지 사용했다. 선거결과 조 바이든 후보가 선거인단 총 538명 중 306
명을 확보하여 232명을 얻은 트럼프를 따돌리고 승리하였다.

"매기, 매기, 매기 - 나가!, 나가!, 나가!"

선거에 사용된 슬로건은 아니지만 정치인을 공격하는 데 실명을 거론한 강한 구호로 "매기, 매기, 매기 — 나가!, 나가!, 나가!"(*Maggie, Maggie, Maggie — Out!, Out!, Out!*)를 빼놓을 수 없다. 매기는 마거릿의 애칭이다. 이 구호는 마거릿 대처(Margaret Thatcher) 영국 총리를 공격할 때 자주 쓰였는데, 시위현장에서는 노래로 많이 불려서 레코드까지 나왔을 정도로 유명하다. 광부들의 파업 현장이나, 학생들의 교육지원금 폐지 항의시위, 인두세 반대시위 등에 빠짐없이 단골로 등장하는 구호였다.

대처는 윈스턴 처칠 이후 영국에서 가장 강한 영향력을 가졌던 인물로 '철의 여인' 또는 '신자유주의의 마녀'라는 별명으로 불리었다. 그녀는 강력한 리더십을 발휘하여 세금과 정부지출을 줄이고, 각종 규제를 철폐하여 기업이 활동하기에 유리한 여건을 만들었다. 또 국영사업의 민영화를 추진하고, 노조활동을 규제하는 입법도 착수했다. 대처는 사양산업인 석탄산업을 대거 구조조정 하고, 정부의 주택구입 보조비와 고등교육 지원금도 폐지하였다. 그런 그녀의 정책을 가리켜 '대처주의'(Thatcherism)라는 용어가 다 나올 정도였다.

그 무렵 이해관계자들의 시위가 활발했고 그때마다 "매기, 매기, 매기—나가!, 나가!, 나가!"라는 구호는 단골로 등장했다. 강한 정치인을 공격하는 데는 강한 슬로건이 필요했던 모양이다. 그러나 대의명분이 있는 일을 반대하는 구호는 아무리 강해도 국민의 공감을 얻기 어렵고 설득력도 없다.

대처는 평가가 엇갈리는 대목이 있지만, 영국이 고비용, 저효율로 상징되는 영국병을 극복하는 데 기여한 인물로 평가된다. 결국 그녀는 전후 최장수 총리를 역임했다.

네거티브의 유혹, "신노동당, 새로운 위험"

이번에는 보수당의 슬로건이다. 앞서 언급한 노동당 토니 블레어의 신노동당 프로젝트에 위협을 느낀 보수당은 1997년 총선에서 "신노동당, 새로운 위험"(New Labour, New Danger)이라는, 경쟁상대를 대놓고 폄훼하는 슬로건을 내건다. 이렇게 악의적인 네거티브 구호는 그것을 사용하는 측에 부담이 크다. 국민들이 동조하지 않으면 부메랑이 되어 발신자의 발등을 찍을 가능성이 크기 때문이다. 여러번 하는 이야기지만 유권자들이 공감하지 않는 구호는 부정적 영향을 미친다. 당시 존 메이저(John Major) 총리가 이끌던 보수당 정권은 국민으로부터 인기를 잃고 있었다.

1991년 말 국제사회의 분위기 때문에 마지못해 참여한 걸프전쟁(Gulf War)으로 인해 생긴 부채는 영국 경제를 다시 침체기로 몰아넣고 있었다. 1992년의 4월의 총선에서 메이저는 우여곡절 끝에 가까스로 재선에 성공하였으나, 그해 9월 '검은 수요일'로 불리는 최악의 유럽 통화위기가 발발했다. 세계적인 펀드매니저 조지 소로스(George Soros)가 주도한 국제 환투기세력의 공세에 중앙은행인 영

1997년 총선에서 토니 블레어 노동당 총수를
폄훼하는 보수당의 슬로건

국은행(Bank of England)의 금고가 바닥이 나 국가가 파산할 위기에
몰렸다.

소로스는 영국 시장을 초토화시킬 계획을 세웠다. 그는 직접 언
론을 상대하여 파운드화의 대폭락을 예측하면서 분위기를 조성했
다. 소로스가 나서자 다른 헤지펀드들도 파운드화를 내던지는 상황
이었다. 영국은행은 외환보유액을 총동원해 파운드화를 사들이고
단기금리를 대폭 인상해 파운드화를 지키려 안간힘을 썼으나, 투기
자본의 공세를 막아내기에는 역부족이었다.

영국 경제는 혼란에 빠졌다. 파운드화가 폭락하며 금융시장이 공
황상태에 빠져들자 영국 국민과 야당은 메이저 총리를 맹비난하고
나섰다. 파운드화를 지키려 고군분투하던 영국은행은 '유럽통화제
도'(EMS: European Monetary System)의 중심기구인 '환율조절 메커
니즘'(ERM: Exchange Rate Mechanism)에서 전격 탈퇴를 선언, 세

계에 큰 충격을 안겨주었다.

그 외에도 보수당 내부에서 끊임없이 부패 스캔들이 터져 나왔고, 1995년 5월에는 스코틀랜드 지방자치 선거에서 참패하자 메이저의 인기는 폭락했다. 결국 그런 상황에서 1997년 5월 총선을 맞이한 것이다. 그렇게 맞이한 선거에서 국민들에게 희망을 주어도 모자랄 텐데 상대당의 정책을 직설적으로 비난하는 슬로건과 포스터를 내보냈으니 그걸 바라보는 국민들은 어떤 심정이었을까.

흔히 선거에서 자당 후보의 지지율이 안 올라가면 대대적인 네거티브를 하고 싶은 욕망에 빠진다. 그러나 조심해야 한다. 네거티브는 사실관계가 명확해도 묻히는 경우가 많은데, 유권자의 공감을 못 얻는 네거티브는 독약이 될 수 있다. 결국 노동당은 418석을 얻어 창당 이래 최대의 승리를 거두었고, 보수당은 1906년 이후 가장 낮은 의석수인 165석을 겨우 얻어 정권을 넘겨주고 만다.

리포지셔닝 전략

리포지셔닝(*repositioning*)이란 한마디로 낡고 오염된 이미지에 '새로움'을 불어넣는 작업이다. 세월이 흐르면서 변하게 마련인 정치인의 이미지 포지셔닝을 정치환경과 유권자의 욕구변화에 맞추어 새롭게 조정하는 활동을 말한다.

정치인은 대개 젊은 시절 정계에 데뷔할 때는 참신하고 개혁적 이미지를 무기로 하지만 세월이 가면서 구정치인의 때가 묻고, 심하면 적폐의 오명을 쓰게 되는 경우도 많다. 정치인은 경력이 쌓이면 중진이 되지만, 청산의 대상이 되기도 하는 것이다. 최근에 와서 정치인의 '정치수명 주기'는 점점 짧아지고 있다. 정치 소비자의 욕구변화가 점점 빨라지고 있기 때문이다.

소비자의 욕구변화가 빨라지면 정치 공급자도 빨리 바뀌어야 하는데 그 속도를 따라가지 못하니까 문제가 생기는 것이다. 자동차회사들이 브랜드는 수십 년씩 그대로 가져가면서 디자인은 왜 매년 조금씩 바꾸고, 3, 4년 주기로는 아예 통째로 바꾸는지를 생각해 보면 알 일이다. 1993년 삼성의 이건희 회장이 "마누라와 자식 빼고 다 바꿔라"라는 충격적 신경영선언을 왜 했고, 그 결과가 지금 어떻게 나오고 있는지를 알면 답이 보인다. 정치인도 바꾸어야 하고, 바꿀 수 있는 건 빨리 바꾸어야 살아남는다.

우리 정치는 오래전부터 불신의 대상이었기 때문에 변화의 욕구 또한 날로 강해지는 것이다. 대한민국 정치사에 길이 남을 김대중, 김영삼 전 대통령들이 말년에는 '정치 9단'이라는 부정적 함의도 있는 별호로 불리었다. 그러나 그들이 젊었던 시절에는 '40대 기수론'의 주인공이었다는 사실이 그런 세태를 웅변으로 말해 준다. 더 우스운 것은 그들이 '40대 기수론'을 주창했을 때 당시의 한 원로는 '구상유취'(口尚乳臭: 입에서 아직 젖내가 난다는 뜻) 라고 했다는 사실이다. 그래서인지 3김은 정치 신장개업을 할 때면 주기적으로 '젊은 피' 수혈을 통해 당의 면모를 쇄신하곤 했다. 그들은 어떻게 해야 살아남는지를 알았다.

세상은 돌고 도는 것이다. 그 도는 속도가 점점 빨라지고 있다. 20, 30대가 세상을 바꾸고 정치 자체가 젊어지고 있다. 우리나라도 30대의 이준석 대표를 배출했지만, 세계의 지도자들은 이미 젊다. 제바스티안 쿠르츠(Sebastian Kurz) 오스트리아 총리는 1986년생이고, 산나 마린(Sanna Marin) 핀란드 총리는 1985년생이다. 마크롱(Emmanuel Macron) 프랑스 대통령도 당선되던 2017년에는 39세였다. 40대는 줄을 세워도 될 정도로 흔하다. 나이만이 아니라 생각도 바뀌어야 한다. 유권자가 바꾸라고 할 때는 이미 늦다.

266

부통령에서 절망의 나락으로

리처드 닉슨(Richard Nixon)은 불운한 정치인이다. 그의 정치인생은 천당과 지옥을 오가는 롤러코스터였다. 그는 30대에 연방 하원의원과 상원의원을 역임하고, 1953년 1월 39세의 나이에 36대 미국 부통령에 오른 인물이다. 아이젠하워(Dwight Eisenhower) 대통령의 러닝메이트로 재선에도 성공했다.

닉슨은 캘리포니아 LA 인근에 사는 가난한 집안에서 태어나 성장기부터 고생을 많이 했다. 어려운 환경에서도 공부는 잘해서 하버드대학에 입학 허가를 받았으나 재정문제로 포기하고, 집 근처의 휘티어칼리지를 졸업했다. 그 후 듀크대학 로스쿨에 진학해 변호사가 되었다. 그는 부통령으로서도 인기가 높았다. 특히 1959년에 모스크바에서 개최된 무역박람회에서 소련의 서기장 니키타 흐루쇼프(Nikita Khrushchev)와 벌인 부엌 논쟁으로 그의 코를 납작하게 했다는 평판을 얻어 인기를 누렸다.

1960년 11월 닉슨은 공화당의 대통령 후보로 나선다. 상대는 민주당의 존 F. 케네디(John F. Kennedy) 후보였다. 케네디는 닉슨과는 대조적으로 명문부호 집안의 자손이며, 하버드대학을 졸업했고, 외모까지도 출중했다. 요즘 식으로 말하자면 금수저와 흙수저의 대결이었다.

닉슨은 "미래를 위하여"(For the future)라는 슬로건을 걸고, "평화, 경험, 번영"(Peace, Experience, Prosperity), "경험이 중요하다"

(Experience Counts) 라는 구호도 같이 썼다. 자신의 부통령 경력을 강조하면서 경험이 부족한 젊은 케네디를 꼬집는 슬로건이었다.

케네디는 새로운 개척정신을 뜻하는 "뉴 프런티어"(New frontier) 정신을 강조하며 "위대함의 시대"(A time for greatness)를 슬로건으로 내걸었다. 케네디 캠프는 "우리는 더 잘할 수 있습니다"(We Can Do Better)와 "1960년대를 위한 리더십"(Leadership for the 60s) 등의 구호도 같이 썼다.

1960년 대선은 사상 최초로 TV토론이 있었던 선거였다. 케네디는 새로운 매체를 이용할 줄 알았다. 그는 전문가의 도움을 받아 무대 화장도 하고, 얼굴이 화면에 선명하게 비치는 짙은 감청색 양복을 입고 자신감 넘치는 표정으로 토론에 등장했다. 닉슨은 화면에 나이 들어 보이게 나오는 회색 양복을 입고 피곤해 보이는 얼굴로, 때때로 진땀까지 흘려가면서 발언했다. 그 토론을 7천만 명이 시청했다. 라디오로 토론을 들은 사람들은 닉슨이 압도적으로 잘했다고 평가한 반면, TV로 시청한 사람들은 케네디가 약간 우세한 것으로 평가했다.

TV로 토론을 지켜본 기자들은 다음 날 지면을 '케네디 압승'이라는 헤드라인으로 도배했다. 젊고 잘생긴 케네디의 이미지가 실제보다 노쇠해 보이는 닉슨과 선명하게 대비되어 시청자들에게 승자로 각인되었다는 것이다. 이 토론 전까지 여론조사에서 조금 앞서 있던 닉슨이 토론 후에는 역전을 당하고 만다. 개표결과는 득표율이 불과 0.17% 차이밖에 나지 않는 케네디의 힘든 승리였다.

사상 가장 저급한 슬로건

1960년 대선에서 닉슨 캠프는 "그들은 우리의 딕을 이기지 못해"
(They can't lick our Dick)와 "우리는 우리의 딕을 좋아해"(We Like
Our Dick) 같은 비공식 구호도 사용했다. 딕은 닉슨의 이름인 리처
드의 애칭이다.

얼핏 봐선 전혀 문제없는 슬로건 같지만 실제로는 문제가 많다.
lick과 dick에는 다른 뜻도 있다. dick은 남성의 성기를 가리키는 속
어이기도 하다. lick에는 핥는다는 의미도 있다. 그런 쪽으로 해석
하면 고약하기 짝이 없는 구호가 되고 만다. 그래서 미국에서도 이
구호들을 "가장 저급한 슬로건"으로 평가하기도 한다. 닉슨의 안타
까운 낙선에는 이런 점잖지 않은 구호도 조금은 기여하지 않았을까.

8년의 와신상담, 그리고 "닉슨이 바로 그 사람입니다!"

낙선 후 2년 만에 닉슨은 캘리포니아 주지사 선거에 도전장을 내민다. 상대는 재선에 도전하는 현직 주지사 팻 브라운(Edmund Gerald 'Pat' Brown)이었다. 브라운은 인기 있는 주지사였다. 반면에 닉슨은 지방정치를 잘 몰랐고, 주지사를 백악관으로 가기 위한 발판 정도로 생각하고 있었다. 게다가 브라운은 케네디 대통령의 선거운동을 적극 도왔었고, 자신의 선거에는 그로부터 전폭적인 지지까지 받고 있었다. 결국 닉슨은 낙선하고 만다.

부통령을 지내고 대통령 후보를 역임한 인물이 주지사 선거마저 실패한 것이다. 닉슨의 정치생명은 끝난 것 같았다. 그는 그 유명한 '마지막 기자회견'(last press conference)을 열었다. 그리고 "여러분이 괴롭힐 닉슨은 이제 없을 겁니다. 이것이 나의 마지막 기자회견이니까요"라는 말을 남기고 쓸쓸히 정계를 은퇴하였다.

은퇴 선언 후 닉슨은 한동안 뉴욕에서 변호사 일을 하며 세상을 등지고 살았다. 1964년 대선에서 민주당의 린든 B. 존슨(Lyndon B. Johnson)이 공화당의 배리 골드워터(Barry Goldwater)를 압도적인 표차로 꺾고 재선에 성공하였다. 기회 포착에 능한 닉슨은 그때 낙선한 골드워터로부터 전권을 넘겨받아 대대적인 공화당 개혁을 선도했다. 그리고 1968년, 다시 대선에 출마한다. 당시 존슨 대통령은 부실한 베트남전 마무리로 인기가 떨어지자 불출마를 선언했다. 현직 부통령 휴버트 험프리(Hubert Humphrey)가 민주당 대통령 후보로 선출되었다.

1960년 대선에서 케네디에게 패했던 닉슨은
1968년에 전혀 다른 이미지로 변신에 성공하며
당선되었다.

기사회생한 닉슨은 과거의 실패를 거울삼아 이미지 변신의 끝을
보여주었다. 그는 완전히 다른 사람이 되었다. 대중 앞에 등장할 때
는 역동적인 모습을 보여주기 위해 뛰어서 연단에 올랐다. 오빠부대
도 등장시켰다. 유세장에 'NIXON'이라고 크게 프린트된 모자와 원
피스를 입은 이른바 '닉슨 소녀'(Nixon Girls)들을 동원했다. 시대를
앞서간 오빠부대의 구호도 임팩트 있는 "닉슨이 바로 그 사람입니
다!"(Nixon's the One!)였다.

과거와는 전혀 다른 방식이고, 다른 닉슨이었다. 닉슨은 지난 선
거를 교훈 삼아 이번에는 아예 잘 못하는 TV 토론은 거부했다. 결국
험프리는 대세를 뒤집지 못했고, 닉슨은 승리했다. 득표율 차이는
겨우 0.7%, 우여곡절 끝에 얻은 값진 승리였다. 참고로 패장 험프
리의 슬로건은 "어떤 사람은 변화를 말로 하지만, 다른 사람은 그것
을 일으킵니다"(Some people talk change, others cause it)였다. 직설
적인 닉슨의 구호에 비해 애매한 메시지였다.

1972년 닉슨은 조지 맥거번(George McGovern)과 겨뤄서 재선에
도 성공한다. 이번에는 압도적인 승리였다. 그때 닉슨의 슬로건은
"그 어느 때보다 지금"(Now more than ever)이었고, 맥거번의 슬로
건은 "미국이여 돌아오라"(Come home, America)였다.

닉슨은 재임 중 외교, 경제 분야에 상당한 업적을 남겼다. 베트남
전 개입 중지와 중국과의 수교 등으로 냉전 완화에 기여했지만, '워
터게이트' 사건으로 불명예스럽게 사임했다.

2차 세계대전 영웅의 총선 패배,
그리고 보수당의 환골탈태

윈스턴 처칠(Winston Churchill)은 1, 2차 세계대전을 다 겪은 인물
이다. 1차 세계대전 때는 영국의 해군장관으로 참전했고, 2차 세계
대전 때는 총리로 노동당과 보수당의 연립내각을 이끌었다. 2차 세
계대전 승리의 견인차 역할을 했지만, 1945년 7월에 치러진 총선에
서 보수당은 노동당에 충격적인 패배를 당했다.

영국 국민이 선택한 것은 전쟁영웅 처칠의 보수당이 아니라 클레
멘트 애틀리(Clement Attlee)가 이끄는 노동당이었다. 보수당은
1935년의 총선에서 차지했던 386석의 절반 수준인 197석을 얻는 데
그쳤다. 노동당은 393석을 확보했다. '보수 대학살'이라는 말까지
나올 정도였다. 대공황과 2차 세계대전을 겪은 국민들은 전쟁영웅
보다 복지정책을 앞세운 노동당을 택한 것이었다.

노동당은 충분한 고용 기회, 보건 서비스 확충 등 그 유명한 "요람에서 무덤까지"라는 구호로 복지국가를 약속했다. 총선에서 노동당의 슬로건은 "이제 함께 미래와 대결합시다"(Let us face the future) 였다. 보수당의 슬로건은 "처칠이 마무리하게 도와주세요"(Help him finish the job) 였다. 국민은 개혁을 택한 것이다.

노동당에 참패당한 보수당은 패닉 상태에 빠졌다. 진보적인 젊은 세대의 지지를 받는 노동당이 향후 20년은 집권할 것이라는 예측에 그들은 절망했다. 그러나 보수당은 거기서 멈추지 않았다. 그들은 시대의 흐름을 수용하고 당을 환골탈태 수준으로 개혁하기 시작했다. 우선 '젊은 피' 수혈을 위해 청년보수운동(Young Conservative

1. 2차 세계대전의 영웅 처칠이 이끈 보수당은 1945년 총선에서 노동당에 참패한다.
영국 국민은 전쟁영웅을 앞세운 보수당 대신 복지국가를 약속한 노동당의 개혁을 택했다.

movement)을 전개하고, 청년보수당(Young Conservatives)을 창설했다. 훗날 수상에 오르는 마거릿 대처나 존 메이저 등이 청년보수운동을 통해 정치에 입문했다.

1947년 보수당 산업정책위원회는 '산업헌장'을 발표한다. 여기서 보수당은 산업에 대한 국가개입 인정, 주요 산업의 국유화, 노사협력, 국민의료보험 설립 등 복지에 대한 국가책임 등을 명시했다. 세태에 맞춰 좌클릭을 시도한 것이다. 얼마나 파격적이었으면 '산업헌장' 초안을 받아본 처칠이 "이제 우리 당에도 사회주의자가 있구나"라고 한탄했을 정도였다고 한다. 보수당은 당원들이 당비 100만 파운드를 모금하는 '밀리언펀드'(Million Fund) 운동을 전개해 당 조직을 재건했다. 그리고 돈은 없어도 젊고 유능한 보수주의자들이 정치에 입문할 수 있도록 제도를 바꾸고 당의 문호를 개방했다.

처칠은 야당 당수가 되어서도 소극적인 모습을 보이지 않고 집권 노동당에 대한 비판도 활발히 하며 열정적인 모습을 보여주었다. 그는 반소(反蘇) 진영의 선두에 서서 동서양극화 시대의 도래를 예견하는 등 국제정치의 중심에 있었다. 처칠은 1946년 미국에서 한 연설에서 공산국가들의 폐쇄성을 풍자하는 '철의장막'(iron curtain)이라는 신조어를 만들어내기도 했다.

그는 20세기 냉전시대의 시작을 내다볼 정도로 식견이 있었다. 그는 자신이 야당지도자가 아니라 세계의 지도자라는 메시지를 영국국민들에게 계속 보낸 것이다. 1951년 총선에서 보수당은 321석을 얻어 다시 정권을 잡았고, 처칠은 77세의 나이로 총리직에 복귀

했다. 끝없는 노력이 만들어 낸 결과였다.

휠체어를 타고 대통령에 오르다

미국 역사상 전무후무한 4선의 대기록을 세운 프랭클린 루스벨트 (Franklin D. Roosevelt) 대통령도 낙선의 경험이 있다.

잘 알려지지 않은 사실이지만 그는 1920년 대선에 민주당 제임스 콕스(James M. Cox) 대통령 후보의 러닝메이트로 나섰으나, 공화당 워런 하딩(Warren G. Harding)과 캘빈 쿨리지(Calvin Coolidge) 후보에 패하였다. 그때까지만 해도 루스벨트의 정치역정은 탄탄대로였다. 그는 명문가의 자손이었다. 그보다 앞서 대통령을 역임한 시어도어 루스벨트는 그의 먼 친척이자 멘토였다. 그의 큰 조력자 역할을 한 부인 엘리너 루스벨트는 시어도어 루스벨트의 조카였다. 프랭클린 루스벨트는 28세에 뉴욕주 상원의원으로 정계에 발을 들여 놓았고, 해군성 차관보를 역임한 뒤 부통령 후보로 발탁된 것이었다. 참고로 그 선거에서 공화당 하딩 후보의 슬로건은 "정상으로의 회귀"(Return to normalcy)였다. 1차 세계대전이 끝났으니 모든 것을 정상으로 되돌려 놓겠다는 것을 강조한 구호였다. 낙선한 민주당 콕스 후보의 슬로건은 "평화. 진보. 번영"(*Peace. Progress. Prosperity*) 이었다.

루스벨트에게 더 큰 역경이 부통령 낙선 후에 닥쳤다. 1921년 여름, 다음 선거를 준비하고 있던 그가 갑자기 소아마비에 걸린 것이다. 그는 반신불수가 되어 심한 통증에 시달린다. 그러나 루스벨트는 병마에 굴하지 않고 몇 년간 뼈를 깎는 재활치료와 훈련에 몰두했다. 어느 정도 병세가 회복되어 부축 없이 겨우 걸을 정도가 되자, 사람들은 그의 의지에 찬사를 보냈다.

그는 1924년 뉴욕에서 열린 민주당 전당대회에 참가했다. 그 전당대회는 KKK단의 등장 등 여러 가지 요인으로 사상 최악의 대회로 평가되는데, 그때 주목을 받은 사람이 루스벨트였다.

그는 연설을 하기 위해 힘들게 보였지만 목발에 의지하여 연단까지 자력으로 올라가 군중들을 감동시켰다. 그는 뉴욕 주지사 알프레드 스미스(Alfred E. Smith)를 대통령 후보로 지명하는 연설을 했는데, 청중은 기립박수로 답례했다. 이 대회를 통해서 루스벨트는 확실한 존재감을 보여주었고, 이후 순풍에 돛단 듯 정상을 향하여 달려가게 된다.

그는 알프레드 스미스의 자리를 물려받아 뉴욕 주지사에 당선되고 1932년에는 민주당 대통령 후보로 지명되었다. 루스벨트는 대공황으로 고통받는 국민들에게 뉴딜정책(New Deal)으로 경제를 살리겠다고 선언했다. 루스벨트는 불편한 몸을 이끌고 활발한 선거운동을 전개하여 1만 8천여 킬로미터를 순회하고, 16번의 대규모 유세를 소화했다. 결국 그는 공화당의 현직 대통령 허버트 후버(Herbert Hoover)를 압도적인 표차로 누르고 당선되었다. 대통령에 당선된 후에도 하반신 치료를 계속 지속했으며, 비공식 석상에서는 휠체어를 타고 움직여야 했다.

1932년 뉴딜정책을 통해 경제를 살리겠다고
선언한 민주당 대선 후보 루스벨트의 슬로건

　대통령이 된 후 루스벨트는 미국 경제를 살리기 위해 공공사업 확
대와 실업자 구제, 복지 확충, 금융개혁 등 뉴딜정책을 실천하였다.
　그의 임기 중 실업률은 줄고, 국민소득은 올라가는 등 경제상황
이 호전되었다. 1936년 대통령에 재선되었고, 1939년에는 제2차
세계대전이 발발하였다. 1940년에 3선에 성공했고, 1941년 12월
일본의 진주만 공격으로 인하여 참전하게 된다. 루스벨트는 나치 독
일과 이탈리아, 그리고 일본을 상대로 전력을 다하여 전쟁을 수행하
였다. 그리고 그는 1944년에 4선을 이루게 된다.
　참고로 당시 미국 헌법에는 대통령의 연임 제한을 따로 명문화해
놓지 않았다. 초대 대통령 조지 워싱턴이 재선만 하고 물러난 것이
관례화되어 후임자들 또한 재선까지만 하는 것이 불문율이었다. 하
지만 루스벨트가 대공황과 2차 세계대전이라는 특별한 위기상황 속
에서 과거의 관행을 깨고 4연임을 한 것이다. 1951년 미국 연방정부
헌법에 3회 이상 중임을 제한하는 수정 제 22조가 신설되어, 그때부

루스벨트와 경쟁자들의 슬로건

선거	정당	후보	슬로건
1932	민주당	프랭클린 루스벨트	• 행복한 날들은 다시 옵니다 (Happy Days Here Again)
	공화당	허버트 후버	• 우리는 코너를 돌고 있습니다 (We are turning the corner)
1936	민주당	프랭클린 루스벨트	• 후버를 기억합시다!(Remember Hoover!) • 루스벨트와 나아갑시다(Forward with Roosevelt)
	공화당	알프레드 랜던	• 뉴딜과 무모한 지출을 무효화시킵시다 (Defeat the New Deal and Its Reckless Spending) • 이제 새 카드를 씁시다(Let's Get Another Deck) • 랜던에게 압도적인 표를(Let's Make It a Landon-Slide) • 생명, 자유, 그리고 랜던(Life, Liberty, and Landon)
1940	민주당	프랭클린 루스벨트	• 세 번째 임기가 세 번째 평가자보다 낫습니다 (Better A Third Termer than a Third Rater) • 나는 루스벨트를 다시 원합니다! (I Want Roosevelt Again!) • 백만장자를 위해서는 윌키, 백만 명을 위해서는 루스벨트 (Willkie for the Millionaires, Roosevelt for the Millions) • 루스벨트와 함께 갑시다(Carry on with Roosevelt)
	공화당	웬델 윌키	• 3연임은 안 돼(No Third Term) • 4연임도 안 돼(No Fourth Term Either) • 절대 필요한 사람은 없습니다 (There's No Indispensable Man) • 루스벨트를 전 대통령으로(Roosevelt for Ex-President) • 우리는 윌키를 원합니다(We Want Willkie) • 윌키와 함께 승리합시다(Win with Willkie)
1944	민주당	프랭클린 루스벨트	• 강 한복판에서 말을 바꾸지 맙시다 (Don't swap horses in midstream) • 우리는 이 전쟁에서 승리하고 평화를 쟁취할 것입니다 (We are going to win this war and the peace that follows)
	공화당	토머스 듀이	• 듀이 아니면 못 합니다 (Dewey or don't we)

터 재선 이상은 불가능해졌다.

프랭클린 루스벨트는 임기 동안 대공황과 2차 세계대전을 모두 경험한 역사의 주인공이었다. 루스벨트는 뉴딜정책을 통하여 미국이 대공황에서 탈출하도록 기여하였으며, 2차 세계대전 때 연합군에 동참하여 전쟁을 승리로 이끌었다. 그는 1945년 63세로 세상을 떠날 때까지 가장 어려운 시기에 미국을 이끈 출중한 대통령으로 기억된다.

4번의 선거에서 루스벨트와 경쟁자들의 슬로건을 보면 대개 왜 이겼고, 왜 졌는지를 짐작할 수 있다. 승자의 슬로건이 대체로 직설적이며, 임팩트가 강하다.

'홍카콜라'에서 '청문홍답'까지

홍준표 의원의 정치행로를 살펴보면 그가 상당히 흥미로운 인물이라는 결론에 도달하게 된다. 그는 이른바 '모래시계 검사'로 이름을 얻어 신한국당에 영입되면서 정계에 입문했다. 정계 데뷔 이후 서울에서 국회의원에 네 번 당선되었다. 한나라당의 원내대표와 최고위원도 거쳤다.

2011년 7월 그는 한나라당 대표 경선에 뛰어들었는데, 계파도 없이 당대표에 선출되는 기염을 토했다. 그러나 2012년 4월에 치러진 19대 국회의원 선거에서 낙선하여 정치인생에서 첫 고배를 마신다. 그는 멈추지 않고 같은 해 12월 18대 대통령 선거와 동시에 치러진 경남지사 보궐선거에 출마하여 당선되었다.

2017년 박근혜 대통령 탄핵으로 치르게 된 19대 대통령 선거에 자유한국당 후보로 출마하였으나 2위로 낙선했다. 같은 해, 자유한국당 대표에 올라 여당과 야당 대표를 다 경험하는 드문 기록을 세우기도 했다. 2018년 제7회 전국동시지방선거에서 당이 참패하자 이에 대한 책임을 지고 대표직을 내려놓았다. 2020년 21대 국회의원 선거에 미래통합당의 공천을 받지 못하자 무소속으로 대구에서 출마해 당선되었다. 자력으로 5선의 고지에 오른 것이다.

2021년 6월 국민의힘으로 복당하여 20대 대통령 후보 경선에 참여하였다. 처음에는 지지율이 오르지 않아 고전했으나, 시간이 흐르면서 점차 유력후보로 부상하였다. 그러나 2021년 11월 5일의 전당대회에서 윤석열 후보에게 선두를 내주고 고배를 마셨다. 국민여론조사에서는 이겼으나 당원 대상 투표에서 크게 뒤지면서 나온 아쉬운 결과였다. 계파와 조직이 없는 입장에서는 예견된 결과였지만, 대단한 성취였다. 자신의 이미지 포지셔닝 강점을 최대한 활용한 경선이었고, 향후의 운신 여지를 충분히 남겨 놓은 패배였다.

홍준표 의원의 정치이력을 살펴보면 대선에서는 좋은 결과를 못 얻었지만, 대단히 성공적이고 운도 따르는 정치인임을 알 수 있다. 그러나 그 성공의 이면에는 여론을 살필 줄 알고, 그에 따라 이미지 포지셔닝에 변화를 줄 줄 아는 탁월한 마케팅 능력이 엿보인다.

그는 대단히 거칠게 보이는 정치인이지만, 그 투박함 뒤에는 철저한 계산이 깔려 있음을 느낄 수 있다. 그것이 계산된 행동인지 본능에 의한 것인지는 본인 외에는 알 수 없지만. 그의 정치철학을 잘 알지 못하고 관심 없는 사람들도 선거에 관심이 있다면 그의 포지셔닝 전략은 들여다볼 만하다.

'막말의 대가'

그의 정치인생에 줄곧 꼬리표처럼 따라 다니는 별명이 '막말의 대가'이다. 때로는 그 별칭이 '홍카콜라'나 '홍트럼프'(홍준표+트럼프)가 되기도 하고, '홍산가리'(홍준표+청산가리)라는 섬뜩한 표현이나 '불쾌한 홍짜기'로도 변하지만 그 의미는 대체로 일관성을 유지한다(그의 별명에 대해서는 인터넷에 따로 정리해 둔 곳이 있을 정도이다).

긍정적이든 부정적이든 말이 과격하고 거칠다는 것이다. 그의 막말 사례를 이 지면에 옮기고 싶은 생각은 없다. 그의 막말에는 대상의 제한이 없었다. 자기 진영은 물론, 심지어 가족도 포함된다. 요즘 세상에 민감한 성 차별성 발언은 물론, 폭력성 발언도 서슴지 않았다. 세상이 금기시하는 '자살' 같은 단어도 예사로 입에 올린다. 필요하면 음해성 신조어도 만들어낸다. 그런 그의 일관된 행동은 독특한 이미지를 만들어냈고, 자신의 표현처럼 '독고다이'로 뛰어서 당대표나 대통령 후보에 오르는 데 도움이 된 것도 부인할 수 없다.

정치인 홍준표를 형성하는 이미지 요소 중에는 절제 없는 막말 외에 긍정적인 것도 있다. 그는 이슈 메이킹도 잘하고, 순발력도 뛰어나다. 권위적인 표정을 하고 있을 때가 많지만, 때로는 웃는 얼굴을 하는데, 파안대소할 때는 심지어 순박해 보이는 장점도 있다. 우리 정치인들이 대개 갖추지 못한 유머감각도 갖추고 있다.

그의 강점 중 백미(白眉)는 때로 놀라울 정도의 소신발언을 한다는 점이다. 예를 들어 2017년 3월 경선토론 당시 박근혜 정부의 위안부 합의에 대해 "위안부는 나치의 유대인 제노사이드(집단학살)와 비견되는 반인륜 범죄"라고 단언했다. 그래서 "합의해서도 안 되고, 합의대상도 아니고, 우리가 가슴 깊숙이 간직해야 할 역사의 아픔"이라며, "그 문제를 가지고 돈 10억 엔을 주고받고 했다는 것은 외교가 아니라 뒷거래였다"며 직격탄을 날렸다. 같은 당의 경쟁후보는 '좌파의 논리'라고 홍 후보를 비난했다. 이런 면이 오늘날의 그를 만든 자산이 아닐까.

'청년의 꿈'

그의 정치이력에서 가장 돋보이는 반전은 이번 2021년 대통령 경선을 전후해서 나왔다. 홍 의원은 2018년 제7회 전국동시지방선거에서 당이 참패하자 이에 대한 책임을 지고 대표직에서 물러났다. 그는 사퇴 이후 유튜브에 'TV 홍카콜라' 채널을 개설하고 우파 유튜버로 활동하기 시작했다. 세상의 흐름을 캐치한 것이다. '막말의 대가'에다 '꼰대 이미지'가 강했던 그로서는 파격적인 시도였다.

2021년 20대 대통령 선거를 위한 국민의힘 경선에 참여했다. 시작은 미미했다. 윤석열 전 검찰총장이 '더블스코어'로 그를 앞선 상태에서 경선 레이스가 시작되었다. 그러나 시간이 흐르면서 홍 후보가 꾸준한 상승세를 타기 시작했다. 특히 20대의 지지율은 드라마

틱한 변화가 있었다. 8월의 20대 지지율은 윤 후보를 3배에 가까운 격차로 앞서나갔다.

20대 이하 세대의 경우, 애초에는 윤석열 전 총장에 대한 지지세가 압도적이었다. 윤 전 총장은 8월 6~7일 첫 설문에서 44.0%의 높은 지지율을 얻어 홍준표 의원(15.5%)을 3배에 가까운 격차로 앞서나갔다. 그러나 10월이 되자 홍 후보에 대한 20대의 지지율은 50%대를 기록하며 윤 후보를 더블스코어 이상으로 추월했다. 윤 후보 측의 전략상 실수도 있었고, 윤 후보와 이준석 대표 간에 껄끄러운 기류가 형성됐을 때 홍 후보가 기회를 놓치지 않고 이준석 대표에게 전폭적인 지지를 보낸 것도 도움이 되었을 것이다.

그의 돌직구 발언과 사형제 부활, 로스쿨 폐지, 사법시험 부활, 국회의원 대폭 축소, 국회 비례대표 폐지 등의 공약에도 20대가 반응을 보이기 시작했다. 아무튼 그때부터 인터넷의 젊은이들 커뮤니티에 '무야홍'(무조건 야권 후보는 홍준표의 약어)이라는 말이 나돌기 시작했다. 지난 2017년 대선에서 60, 70대에서만 1위 득표율을 얻었던 홍 후보 입장에서는 금석지감을 느끼지 않을 수 없었을 것이다. 놀라운 변화였다.

그러나 결국 홍준표 후보는 패했다. 그러자 인터넷 커뮤니티에 젊은이들이 국민의힘 탈당을 알리는 글을 올리기 시작했다. 홍 후보는 즉각 인터넷에 청년 커뮤니티 '청년의 꿈'을 개설했다. 청년의 질문에 홍준표가 답한다는 의미의 '청문홍답' 코너도 있고, 반대 의미의 '홍문청답' 코너도 만들었다. 발 빠른 대처였다.

'청년의 꿈'은 오픈 사흘 만에 1천만 페이지 뷰를 돌파했고, 회원 수도 폭발적으로 늘어났다. 홍준표 자신이 "어리둥절하다"고 할 정도로 반응이 뜨거운 것이다. 그는 "잠들기 전 한 걸음이라도 더 간다는 생각으로 마지막까지 한다"고 했다. 이러한 현상이 어디까지 이어질지는 모르겠다. 그의 정치적 미래가 어떻게 변화할지도 알 수 없다. 확실한 것은 그가 우리나라 정치인으로서 드물게 이미지 리포지셔닝에 성공한 인물이라는 것이다.

10장

전략가 찾기와
컨트롤 타워의
화학적 결합

———

설득이란 남의 이견을 존중하는 데서
시작해야 한다. 한 번의 기회에
성과가 있기를 바라지 말라.

벤저민 디즈레일리
(Benjamin Disraeli)

이제 당신은 출마를 결심했다. 시간이 얼마나 남았는지 모르겠지만, 어떤 사정에 놓여 있더라도 승리를 위한 팀을 꾸려야 한다.

결국은 선거도 사람이 한다. 사람을 잘 만나야 승리를 바라볼 수 있다. 물론 팀의 설계자는 후보 자신이다. 대개 후보는 똑똑하고 지식도 많다. 그래서 후보가 된 거다. 그러나 후보가 혼자서 다 할 수는 없다.

선거운동이 시작되면 후보는 대개 짜인 스케줄에 따라 수동적으로 움직이게 된다. 후보를 찾는 사람도 많고, 오라는 행사도 많아진다. 그 행사나 사람이 득표에 도움이 되는지 확신도 없이 욕 안 먹기 위해 부득이 가는 경우도 허다하다. 그러니 후보는 정신이 없다.

그리고 대체로 후보들은 낙천적이다. 아니 낙천적이고 싶다. 주변에 장밋빛 전망을 내놓는 사람도 많고, 또 그런 말일수록 귀에 잘 들어온다. 그래서 후보는 냉철해야 한다. 스케줄을 짤 사람도, 전략과 선거운동의 방식도 후보가 최종결정을 해야 한다.

선거운동이 시작되기 전에 공조직이든 사조직이든 팀은 꾸려져야 하고, 저절로 일이 되게끔 돌아가게 만들어 놔야 한다. 선거운동에 돌입하고 나서 조직을 탓하는 건 바보짓이다. 그런 일을 안 겪으려면 사전에 업무분장, 직무분석, 보고체계도 마련되어 있어야 한다.

우리 선거판에서 흔히 들을 수 있는 용어로 비선(秘線)라인, 비선실세, 책사(策士) 같은 것들이 있다. 음침한 느낌을 주면서도 요술주머니, 꾀주머니, 척척박사 같은 느낌을 주는 명칭들인데, 결론부터 말하자면 정상적으로 업무체계가 돌아간다면 필요 없는 직무들이다. 책사는 요즘에 와서 실제의 의미보다 부정적 의미로 받아들여지는 경향이 있는데, 조직의 이면에서 일하고 의사결정자에게 귓속말을 하는 이미지 때문인 것 같다. 선거조직이 커지면 보고체계를 무시하는 일이 벌어지는데 그럴수록 공식적인 조직이 일을 하게 해야 한다. 비선이 활발하게 움직이면 공조직은 손을 놓는다.

컨트롤 타워를 비선과 혼동하는 경우도 없어야 한다. 어떤 선거에서도 모든 작업을 통제하고 지시하는 컨트롤 타워의 기능은 있어야 하고, 그것은 공조직의 일부여야 한다. 전략가는 컨트롤 타워의 주요 구성원이자 역할이어야 한다.

우리나라 선거조직에 공식적으로 전략가(戰略家)라는 직함은 없는 것 같다. 비슷한 일을 하는 인력은 있으나, 직함이 분명치 않다 보니 업무도 분장이 확실하지 않은 경우가 많다. 정치컨설턴트라는 직함은 있으나 비상근이라는 뉘앙스를 풍겨서, 권한다툼이 치열한 선거판에서는 아웃사이더가 될 가능성이 높다. 아무튼 이제부터 전략가를 활용해야 한다.

전략가는 선거 전략 수립, 여론조사, 광고, 홍보 등 다방면에 걸쳐 후보에게 조언하고 전략의 실행을 감독해야 한다. 우리나라에는 전략가로 훈련받은 인재가 드물다. 그래도 대선 같은 큰 선거에는 전국 단위에서 인재를 찾아서 기용할 수 있겠지만 규모가 작은 선거에서는 용이한 일이 아니다. 그래도 믿고 맡길 인재를 찾아야 한다.

전략가 후보들

우선 전략가는 마케팅을 아는 사람이라야 한다. 선거 전략은 마케팅 전략이다. 우리나라 기업에는 이제 마케팅을 아는 인재가 많다. 세계적인 히트제품을 만들어낸 사람들도 많다. 우선 인재를, 기업에서 마케팅 현장경험이 있는 사람을 찾아야 한다. 직장 문제로 캠프에 합류할 수 없다면 차선책으로 전략 수립에 참여하게 하고, 수시로 그에게 자문할 수 있도록 네트워크라도 구축해 놓아야 한다.

다음 전략가 후보로는 광고인들이 있다. 우리나라 선거판에도 광고 전문가들은 이미 많이 활약하고 있다. 광고회사가 아예 선거용역을 맡는 경우도 허다하다. 광고인들 중에서도 특히 AE(*Account Executive*)와 카피라이터가 필요하다. AE는 광고대행사를 대표하여 광고주와 소통하는 역할을 하며, 제작, 매체 및 조사담당자와도 소통하는 커뮤니케이터이다. AE는 전략통으로, 마케팅 전략을 기획하는 일을 한다. 전략이 있어야 광고도 나오는 것이다. 따라서 후보자의 포지셔닝 방향을 잡아주는 역할을 할 수 있다.

또 AE는 광고주와 제작팀 등 관계자들 사이에서 업무를 조율하고 소통하는 역할을 하므로 선거 전반을 관리하는 프로젝트 매니저 담당도 가능하다. AE는 프레젠테이션 전문가이기도 하므로 후보자의 스피치 방식도 조언하는 다기능을 할 수 있다. 경험이 많은 노련한 AE는 정치 감각만 더해진다면 충분히 전략가의 역할을 할 수 있다.

선거의 컨트롤 타워에는 조사전문가도 필요하다. 요즘은 우리나라 선거에서도 지지율 조사나 여론조사는 상시적으로 한다. 선거 전략도 조사결과에 따라 방향을 잡는다. 유능한 조사전문가는 조사보고서 말미에 전략방향을 제시한다. 따라서 조사를 설계하고 결과를 해석할 조사전문가는 캠프에 꼭 있어야 할 필수요원이다. 외부의 조사회사 전문가와 계약을 맺어 역할을 맡길 수도 있을 것이다.

마지막으로 좋은 전략가 후보는 대학에서 마케팅을 가르치는 교수들이다. 마케팅 교수들은 마케팅원론은 물론 소비자행동(유권자는 정치소비자이므로 내용은 유권자행동과 대동소이하다), 광고, 마케팅 조사방법론 등을 가르치므로 전략가가 갖추어야 할 소양은 다 갖추고 있는 셈이다. 마케팅 교수들은 기업과도 흔히 공동작업을 하므로 실무에도 밝다. 정치적 센스를 갖추도록 관련 정보를 제공하면 금방 현장에서 활용할 수 있다.

화학적 결합

컨트롤 타워에는 후보자가 가장 신임하고 흉금을 털어놓을 수 있는 최측근은 꼭 참여시켜야 한다. 선거운동이 시작되어 후보자가 본격적으로 바빠지면 후보자의 대리인 역할을 할 인물이 필요하기 때문이다, 컨트롤 타워의 멤버는 소수정예가 원칙이다. 선거를 치르게 되면 역할은 별로 없지만 이름은 걸어줘야 하는 인물들도 나온다. 그런 사람들에게는 그럴듯한 타이틀의 명예직을 주면 된다.

컨트롤 타워의 구성원이 결정되면 일단 후보자와 빈번한 미팅을 통해 이견을 조율하고, 포지셔닝 전략 방향에 대한 합의를 이루어내야 한다. 다양한 목소리는 이 과정에서 다 나와야 한다. 이 합의과정에 시간을 많이 할애해서 치열한 토론과 빈번한 소통을 통해 전반적인 캠페인 전략에 관해 같은 수준의 이해도를 갖추어야 한다.

이견의 조율은 이때 완벽하게 이루어져야 한다. 바람직하기는 컨트롤 타워가 구성되면 며칠이라도 시간을 내서 워크숍을 진행하는 것도 방법이다. 그래야만이 포지셔닝 전략에 관한 한 '원 보디'(one body), '싱글 보이스'(single voice)를 내면서 실행의 일관성을 갖출 수 있다. 여기서 말하는 원 보디는 경선에서 탈락한 사람들을 모으는

원 보디가 아니라 컨트롤 타워가 조율하고 이해도를 높여서 합심하는 원 보디를 말한다. 또 이때 후보자와 컨트롤 타워 멤버 간의 잦은 만남은 팀의 화학적 결합을 위해서도 꼭 필요하다.

컨트롤 타워가 구성되면 하부조직과의 관계 설정도 필수적이다. 컨트롤 타워의 구성원들이 각자의 전문분야별로 산하조직을 관장하는 조직시스템이 필요하다. 그래야만이 지시가 먹혀 들어가는지, 실행은 잘 되고 있는지를 점검할 수 있다. 동시에 보고시스템도 확실하게 해둘 필요가 있다. 지시한 사항에 대해서는 일일보고 수준의 피드백이 이루어져야 한다. 보고체계가 없으면 일을 하는지, 안 하는지, 진행상황이 어떤지도 알 길이 없다.

많은 선거 캠프들이 방대한 조직을 만들어놓고 부서 간에 소통이 없어서 서로 무얼 하고 있는지를 모르는 경우가 허다하다. 바쁘게 돌아치는 사람은 많은데 되는 일은 없고, 진척상황은 아무도 모르는 것이 많은 캠프들이 겪는 현실이다. 그러면서도 대부분의 구성원들이 조직에 대한 비판과 불평은 입에 물고 산다.

위계질서도 확실하게 해서 책임과 권한을 명확하게 해주어야 한다. 특히 외부에서 영입해온 전문가는 직함과 권한, 책임이 분명하지 않으면 '왕따'가 되기 쉽다. 정치인들은 대개 정치경력으로 위계질서를 만드는데, 그런 풍토에서는 전문가가 끼어들 공간이 없다. 선거조직은 군대가 아니고, 그래서도 안 된다. 또 그런 조직문화에서 젊은 세대가 활동할 수도 없고, 그들을 설득할 아이디어가 나올 수는 더욱 없다.

회의는 회의적이다

선거 캠프에는 회의가 많다. 회의를 일을 하고 있다는 증거로 생각해서인지는 몰라도, 내용을 들여다보면 이 회의가 꼭 필요한 것인지 묻고 싶은 회의가 많다. 회의에 참석한 인원은 많은데 발언을 하는 사람은 극소수의 고위직이 대부분이다. 의견을 취합해서 결론을 내리는 프로세스로서의 회의가 아니라 상층부의 의견을 전달하기 위해 하는 경우가 많다.

코로나19 발발 이후에 그런 문화는 많이 정리되었지만, 그래도 온라인 회의나 SNS로 대체할 수 있는 일을 군이 회의를 소집해서 하는 경우도 많다. 물론 보도를 의식해서 관례적으로 하는 경우도 있겠지만, 요즘 세상에 그런 일은 안 하는 게 낫다. 가상공간에서 하는 회의가 차라리 보도에는 더 도움이 될 것이다.

결론부터 말하면 회의의 빈도와 시간을 줄이고, 참석인원도 줄여야 한다. 피터 드러커는 55분이 이상적인 회의시간의 상한선이라 했다. 바람직한 회의는 결론이 날 때까지 논의를 계속하는 것이 아니라 정해놓은 시간 내에 결론을 내는 것이다.

회의 참석인원은 5명 정도가 적절하며, 최대 10명은 넘지 않아야 한다. 또 회의참석자에게는 사전에 관련 자료를 배포하여 충분히 검토하고 의견을 갖고 오도록 해야 한다. 가능하면 젊은 사람, 직급이 낮은 사람부터 시작하여 참석자 전원이 발언하도록 하고, 회의주재자는 말을 아껴야 한다. 발언하지 않을 사람은 참석하지 말아야 하는 것이 선거의 회의이다.

목민관과 서번트 리더십

공직자의 길은 고난의 길이다. 공직자에 대한 사회의 기대치는 높고 규제는 엄격하다. 청렴은 기본 중의 기본이다.

앞에서 조금 언급했지만 다산(茶山) 정약용(丁若鏞)의 말씀을 부연한다. 다산은 《목민심서》에서 "청렴이 공직자의 본분이요, 모든 선의 근원이자 덕치의 근본"이라 했다. "청렴은 벼슬살이의 근본이며 검약은 몸가짐의 바탕이다"라고 했고, "선비의 청렴은 한 오라기의 오점도 평생 동안의 흠이 된다"고 했다. 그는 또 목민관은 "이(利)에 유혹되어서도 안 되며, 위세에 굴해서도 안 된다"고도 했다. 다산 정약용의 가르침은 "사욕(私慾)을 끊고, 천리(天理)에 따르도록 힘쓴다", "목민관은 백성을 위해 존재한다"라는 대목에서 절정을 이룬다.

다산의 말씀을 길게 인용하는 것은, 그가 시대를 통박하며 200년 전에 남긴 원칙이 이 시대에도 여전히 유효하기 때문이다. 아니 그 원칙은 더 강화되고 있고, 그것을 못 지킬 때의 처벌은 더욱 중해지고 있다.

현재의 우리 공직사회에도 '공무원 헌장'이 있다. 여기서도 청렴

공무원 헌장

우리는 자랑스러운 대한민국의 공무원이다.

우리는 헌법이 지향하는 가치를 실현하며 국가에 헌신하고 국민에게 봉사한다.

우리는 국민의 안녕과 행복을 추구하고 조국의 평화통일과 지속가능한 발전에 기여한다.

이에 굳은 각오와 다짐으로 다음을 실천한다.

하나. 공익을 우선시하며 투명하고 공정하게 맡은 바 책임을 다한다.

하나. 창의성과 전문성을 바탕으로 업무를 적극적으로 수행한다.

하나. 우리 사회의 다양성을 존중하고 국민과 함께 하는 민주 행정을 구현한다.

하나. 청렴을 생활화하고 규범과 건전한 상식에 따라 행동한다.

공무원 헌장 실천 강령

하나. 공익을 우선시하며 투명하고 공정하게 맡은 바 책임을 다한다.

• 부당한 압력을 거부하고 사사로운 이익에 얽매이지 않는다.

• 정보를 개방하고 공유하여 업무를 투명하게 처리한다.

• 절차를 성실하게 준수하고 공명정대하게 업무에 임한다.

하나. 창의성과 전문성을 바탕으로 업무를 적극적으로 수행한다.

• 창의적 사고와 도전 정신으로 변화와 혁신을 선도한다.

• 주인 의식을 가지고 능동적인 자세로 업무에 전념한다.

• 끊임없는 자기 계발을 통해 능력과 자질을 높인다.

하나. 우리 사회의 다양성을 존중하고 국민과 함께하는 민주 행정을 구현한다.

• 서로 다른 입장과 의견이 있음을 인정하고 배려한다.

• 특혜와 차별을 철폐하고 균등한 기회를 보장한다.

• 자유로운 참여를 통해 국민과 소통하고 협력한다.

하나. 청렴을 생활화하고 규범과 건전한 상식에 따라 행동한다.

• 직무의 내외를 불문하고 금품이나 향응을 받지 않는다.

• 나눔과 봉사를 실천하고 타인의 모범이 되도록 한다.

• 공무원으로서의 명예와 품위를 소중히 여기고 지킨다.

은 여전히 강조되고 있다. 공무원 헌장 실천 강령은 더욱 상세한 행동지침을 밝히고 있다.

공무원 헌장과 실천 강령까지 길게 인용하는 것은, 선출직 공직자는 이런 규범을 지켜야 하는 모든 공무원을 지휘, 감독하고 감시해야 하는 막중한 역할을 해야 하기 때문이다. 자신이 청렴하지 않고서는 아랫사람에게 그것을 강요할 수 없다. 요즈음 '내로남불'이라는 말이 유행이고, 선거판에서도 공방의 핵심 사안이다. 그런 조어를 입에 올리기도 민망하지만, 그러한 정치권의 행태가 국민을 분노하게 만들고 있기 때문에 언급하지 않을 수 없다. 공직자는 어떤 경우에도 '내로남불'이라는 비판을 받는 입장이 되어서는 결코 안 된다.

서구 사회에서도 공직자에게 요구하는 도덕기준은 엄격하다. 미국, 독일, 스위스 등의 나라에서는 문제가 되는 선출직 공직자에 대해 엄격한 주민소환제를 도입하고 있다. 미국의 경우 1903년부터 주민소환제를 실시하고 있다. 주별로 규정은 조금씩 다르지만 소환 사유는 대개 배임, 직권남용, 의무태만, 음주, 무능, 공약 위반 및 불이행, 공무 불능, 도덕적 타락 행위를 포함한 중죄에 관한 유죄판결 등이다. 일본의 경우는 주민소환을 '해직청구권'이라고 하는데, 그 대상은 단체장, 의회의원 등 선출직은 물론 부지사, 공안위원 등 주요 임명직까지 포함된다.

청렴 다음으로 공직자가 갖추어야 하는 요건은 국민을 섬기는 자세이다. 공무원을 공복(公僕)이라고 하는데, 국민의 심부름꾼이라는 뜻이다. 공무원을 영어로 퍼블릭 서번트(public servant) 라고도 하는데, 이 역시 '공중의 하인'이라는 의미이다. 공직자가 국민을 위해 봉사해야 한다는 인식에는 동서양의 차이가 없다.

서번트 리더십(servant leadership) 이라는 경영학의 이론이 있다. 미국의 경영 구루 로버트 그린리프(Robert Greenleaf) 가 주창한 것이다. 그의 주장은 간단하고 명료하다. 리더는 곧 머슴이라는 것이다. 그린리프는 "리더의 힘이 정당성을 가지려면 리더 스스로 머슴이 되어야 한다"고 했다. 그는 또 "지도자는 맑은 정신과 이해심으로 최선을 다해 섬기는 자세를 보여야 하며, 추종자는 앞에서 끌어주는 유능한 머슴에게만 응답할 것이다" 라고 했다.

공직자는 이처럼 나를 한없이 낮추고, 국민을 높이 섬기며, 나의 이익이 아닌 국가의 이익을 위해 일해야 한다. 그래서 다산은 공직 생활을 잘할 수 있는 요체로 '경외할 외(畏)' 자를 꼽았다. 언제나 마음속에 백성을 존경하는 마음과 두려움을 간직하고 조심하면 허물을 작게 할 수 있다는 뜻이다. 청렴과 섬김의 자세 외에도 공직자가 갖춰야 할 조건은 전문성, 창의력 등 이루 헤아릴 수 없이 많다.

이처럼 외롭고 험난한 길을 왜 가려 하는가? 공직자의 길을 걸으려는 사람은 이 질문에 명쾌하게 답할 수 있어야 한다.

'정의론'으로 일가를 이룬 철학자 존 롤스(John Rawls) 는 "사회적으로 성공한 사람은 개인만의 노력으로 자신의 업적을 이뤘다는 무지(無知) 에서 벗어나야 한다. 한 사람이 성공하는 데에는 사회의 여러 요인들이 알게 모르게 작용한다는 것을 깨닫는 데서 사회적 책무가 시작된다. 그런 사회적 책무로 무장한 사람이 공직자가 되어야 한다"고 설파했다. 자신이 사회로부터 받은 혜택을 되갚는다는 생각으로 공직에 뜻을 두어야 한다는 것이다. 그것을 한마디로 표현하면 '봉사'가 될 것이다. 공직자의 삶은 힘들지만 국민께 봉사하는 즐거움을 안다면 그 길은 명예의 길, 광영의 길이 될 것이다.

선출직 공직에 뜻을 둔 여러분의 앞날에 무한한 영광이 함께하기를 기원한다.